공부의 힘

4~6 학년용

2

지은이 김누리

현직 초등학교 교사로 EBS 초등 프로그램, 서울시교육청 영재교육원, 교원직무연수 강사입니다.
서울시 교육청 CS 강사, 서울특별시 과학전시관 〈서울과학교육〉 편집위원, 국립과천과학관 정책 연구진,
세종문화회관 유아 도슨트로 활동하였고, 초등 검정 교과서 집필진 및 초등 국정 교과서 전문가 검토위원을 지냈습니다.
EBS 〈육아학교〉, 〈배움 너머〉, 〈다큐 프라임〉, KBS 〈스펀지〉, 〈생생정보〉, YTN 〈과학카툰 기발한 실험실〉, 〈수다학〉 등에
전문가 패널로 출연하였고, 《학교 선생님이 들려주는 한국사 이야기》, 《내 아이는 초등학교 1~4학년》 시리즈,
《초등사회 개념 짱》, 《엄마, 아빠의 진짜 속마음》 등의 저서 및 다수의 학습 지도서 집필 등 국내 초등 교육을 위해
다양한 분야에서 폭넓은 활동을 하고 있습니다.

자기주도적 학습 습관을 길러 주는
공부 능력 향상 프로그램

공부의 힘 4~6학년용 ❷

초판 1쇄 인쇄 2022년 12월 26일
초판 1쇄 발행 2023년 1월 8일

지은이 김누리
펴낸이 김선식

경영총괄 김은영
책임편집 김재민
다산스마트에듀팀장 김재민 **다산스마트에듀팀** 조아리, 박은우, 차다운
저작권팀 한승원, 김재원, 이슬
마케팅본부장 권장규
미디어홍보본부장 정명찬 **홍보팀** 안지혜, 오수미, 송현석
뉴미디어팀 김민정, 홍수경, 서가을 **디자인파트** 김은지, 이소영
재무관리팀 하미선, 윤이경, 김재경, 안혜선, 이보람
인사총무팀 강미숙, 김혜진, 박예찬, 황종원
제작관리팀 박상민, 최완규, 이지우, 김소영, 김진경, 양지환
물류관리팀 김형기, 김선진, 한유현, 민주홍, 전태환, 전태연, 양문현
외부 스태프 윤문·교정·교열 ㈜포링고 **디자인** ㈜포링고

펴낸곳 다산북스 **출판등록** 2005년 12월 23일 제313-2005-00277호
주소 경기도 파주시 회동길 490
전화 02-704-1724 **팩스** 02-703-2219 **이메일** dasanbooks@dasanbooks.com
홈페이지 www.dasanbooks.com **블로그** blog.naver.com/dasan_books
다산스마트에듀 www.dasansmartedu.com
종이 IPP **인쇄·제본** 갑우문화사 **코팅·후가공** 제이오엘앤피

ISBN 979-11-306-9625-6 (64370)

+ 이 책의 인물 명칭은 한국 인물은 성과 이름을 모두 포함하였고, 외국 인물은 다산콘텐츠그룹 학습 만화 《Who?》를 따랐습니다.

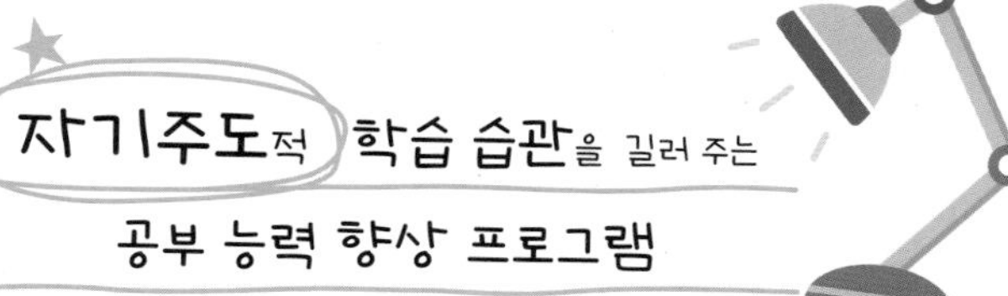

김누리 지음

다산스마트에듀

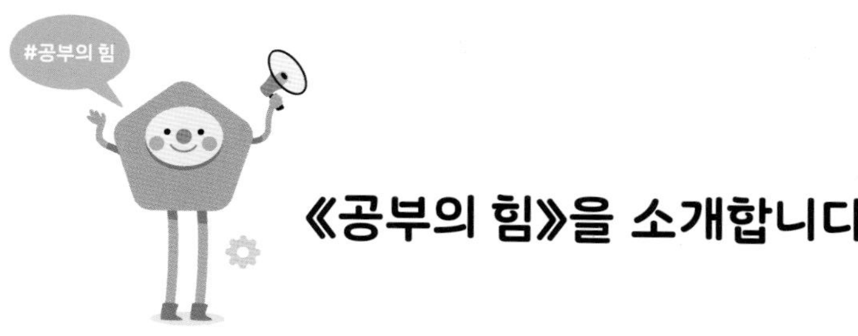

《공부의 힘》을 소개합니다

우리 교육이 변하고 있습니다. 이제 학교와 사회에서 인재들에게 바라는 능력은 단순히 외워서 많이 아는 것이 아닙니다. 수많은 자료 속에서 필요한 지식을 선별하여 자신만의 가치 있는 정보를 만들고, 그것을 통해 다른 사람과 의사소통할 수 있는 능력을 원합니다. 끊임없이 변화하고 발전하는 미래 사회에 적응하며, 더 나은 세상을 창조하는 능력을 필요로 하는 것이지요.

그러기 위해서 사회가 바라는 미래 인재상은 다음과 같습니다.

- **동기**를 발견하고 유지하는 사람
- **인지**력이 우수한 사람
- 자기 일에 **몰입**할 줄 아는 사람
- 자신의 가치를 아는 **자아존중감**이 높은 사람
- **창의성**이 뛰어난 사람
- **감성**이 발달한 사람
- **사회성**이 높은 사람

그렇다면 '동기, 인지, 몰입, 자아존중감, 창의성, 감성, 사회성'은 어떻게 키울 수 있을까요? 스스로 키우는 방법을 탐구하고, 실천 의지를 다질 수 있다면 가장 좋지만, 말처럼 쉽지 않습니다. 가장 쉽고 효과적인 방법은 모범이 되는 인물, 즉 위인의 말과 행동, 사례를 살펴보며 구체적인 방법을 찾는 것입니다. 《공부의 힘》에서는 세상을 바꾼 훌륭한 위인들의 에피소드를 살펴보며, '나'의 경험과 생각을 되돌아보고 다짐하는 활동을 할 수 있습니다.

이 책에서는 동서양을 불문하고, 미래 사회에서 요구하는 핵심역량을 갖춘 위인 40명의 경험담을 소개합니다. 그리고 이 위인들의 사례와 비교하여 여러분 스스로의 경험과 생각을 정리해 보며, '스스로 공부하는 힘'을 향상시킬 수 있도록 구성했습니다.

《공부의 힘》으로 미래 인재의 필수 요소인 동기, 인지, 몰입, 자아존중감, 창의성, 감성, 사회성을 높여 보세요!

★ 본 교재는 다산콘텐츠그룹의 《Who?》 시리즈 총 40권과 《E-CLIP(송인섭 저)》 시리즈 총 12권의 내용을 바탕으로 구성하였습니다.

이 책의 구성과 특징

1 만화로 위인을 만나요!

단원 도입

매 단원을 시작할 때마다 만화를 통해 주제와 관련된 인물들의 에피소드를 보고, 공부할 내용에 흥미를 갖게 합니다.

2 위인의 삶을 탐험해요!

인물 이해

위인의 삶을 요약한 글을 읽으며, 공부할 주제와 관련된 인물에 대한 이해도를 높입니다.

라이트 형제에 관한 다음 글을 읽고 물음에 답하세요.

라이트 형제가 만든 동력 비행기 '플라이어호'가 1903년 12월 17일 세계 최초로 사람을 태우고 하늘을 나는 데 성공했습니다. 당시까지만 해도 동력 비행기를 이용한 비행은 유명한 과학자들은 물론 미국 육군과 같은 쟁쟁한 기관에서도 두 손을 든 일이었습니다. 그저 시골에 사는 평범한 자전거 기술자에 불과했고, 비행기를 연구한 다른 과학자들과는 달리 국가의 도움도 받지 못했던 라이트 형제가 직접 비행기를 설계하고 만들어 하늘을 날 수 있었던 이유는 과연 무엇일까요?

라이트 형제는 어릴 때부터 호기심이 많았습니다. 뭔가 색다른 현상을 보면 왜 그렇게 되는지 꼭 알아내야 직성이 풀리곤 했어요. 호기심이 도전 정신으로 발전하여 하늘을 나는 장난감 '박쥐'와 방향 조절이 가능한 썰매를 손수 만들기도 했어요. 이들에게 호기심이 없었다면 하늘을 나는 새

확인 학습

각 인물에 관한 내용을 확인하는 문제를 풀면서 위인의 삶과 핵심 개념을 파악합니다.

1 라이트 형제가 1903년에 달성한 일은 무엇인가요?
① 하늘을 나는 연을 만들었다.
② 연구비를 마련하기 위해 자전거 가게를 시작했다.
③ 비행기를 만들어 사람을 태우고 하늘을 나는 데 성공했다.
④ 미국 육군과 합작하여 세계 최초 비행기를 만들었다.
⑤ 인류 최초의 풍력 비행기를 만들어 하늘을 날게 했다.

2 라이트 형제에 대한 설명으로 옳은 것은 무엇인가요?
① 어릴 때부터 집안이 유복했다.
② 가족은 아니었지만 서로 의형제를 맺었다.
③ 비행기를 조종하는 비행사였다.
④ 하늘을 나는 자전거를 개발했다.
⑤ 비행기 연구에 많은 사람의 응원과 관심을 받지 못했다.

3 라이트 형제가 목표를 달성할 수 있었던 이유로 알맞지 않은 것은 무엇인가요?
① 새로운 것을 그냥 지나치지 않는 호기심
② 궁금한 것을 직접 연구하는 도전 정신
③ 주변의 시선에 신경 쓰지 않고 묵묵히 자신의 길을 걸어가는 끈기

3 위인을 통해 '나'를 되돌아봐요!

STEP 1
개념 이해하기

핵심 주제와 개념을 심층적으로 이해하는 단계입니다.
개념 설명과 인물 맞춤형 사례를 읽고
'나'의 경험과 상황에 적용해 봅니다.

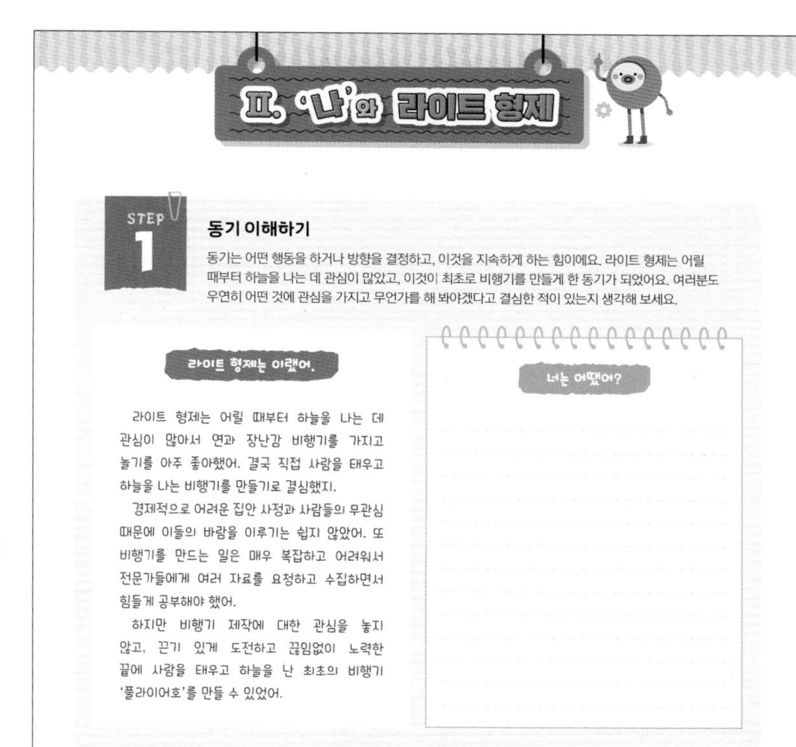

Ⅱ. '나'와 라이트 형제

STEP 1 동기 이해하기

동기는 어떤 행동을 하거나 방향을 결정하고, 이것을 지속하게 하는 힘이에요. 라이트 형제는 어릴 때부터 하늘을 나는 데 관심이 많았고, 이것이 최초로 비행기를 만들게 한 동기가 되었어요. 여러분도 우연히 어떤 것에 관심을 가지고 무언가를 해 봐야겠다고 결심한 적이 있는지 생각해 보세요.

라이트 형제는 이랬어.

라이트 형제는 어릴 때부터 하늘을 나는 데 관심이 많아서 연과 장난감 비행기를 가지고 놀기를 아주 좋아했어. 결국 직접 사람을 태우고 하늘을 나는 비행기를 만들기로 결심했지.

경제적으로 어려운 집안 사정과 사람들의 무관심 때문에 이들의 바람을 이루기는 쉽지 않았어. 또 비행기를 만드는 일은 매우 복잡하고 어려워서 전문가들에게 여러 자료를 요청하고 수집하면서 힘들게 공부해야 했어.

하지만 비행기 제작에 대한 관심을 놓지 않고, 끈기 있게 도전하고 끊임없이 노력한 끝에 사람을 태우고 하늘을 난 최초의 비행기 '플라이어호'를 만들 수 있었어.

너는 어땠어?

생각 쑥쑥

속담, 퀴즈, 다른 그림 찾기, 집중력 게임 등을 통해 사고력 훈련을 할 수 있습니다.

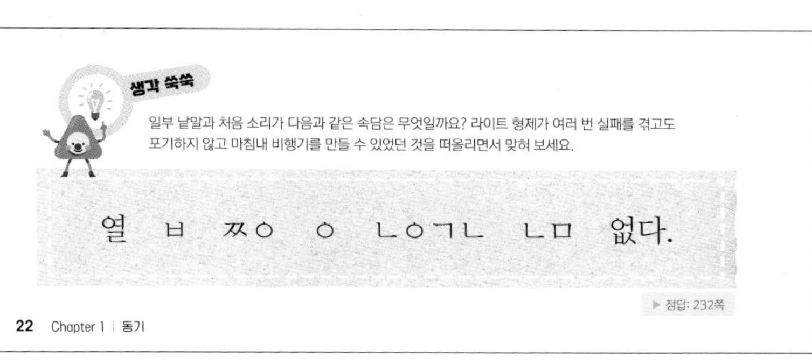

생각 쑥쑥

일부 낱말과 처음 소리가 다음과 같은 속담은 무엇일까요? 라이트 형제가 여러 번 실패를 겪고도 포기하지 않고 마침내 비행기를 만들 수 있었던 것을 떠올리면서 맞혀 보세요.

열 ㅂ ㅉㅇ ㅇ ㄴㅇㄱㄴ ㄴㅁ 없다.

▶ 정답: 232쪽

22 Chapter 1 | 동기

STEP 2·3
'나'의 역량 기르기

앞서 학습한 내용을 바탕으로 스스로를 점검하고, '나'의 역량을 발견하고 기를 수 있는 방법을 생각해 봅니다.

STEP 2

나만의 동기 찾기

동기에는 두 종류가 있어요. 자꾸 관심이 가서 스스로 하고 싶어서 하는 경우와 선물이나 칭찬 같은 보상을 받기 위해서 하게 되는 경우예요. 여러분이 즐겨 하는 일을 괄호 안에 쓴 다음 왜 그 일을 하게 되었는지 생각해 보세요.

라이트 형제는 왜 비행기 연구를 했을까?

① 부모님께 칭찬을 받기 위해서
② 큰돈을 벌기 위해서
③ 학교 숙제였기 때문에
④ 아버지가 부탁하셔서
⑤ 유명해지고 싶어서

모두 틀렸어. 비행기 자체에 흥미를 느꼈고, 비행기를 연구하는 것이 재미있고 좋았기 때문이야.

너는 왜 (　　　　　)을/를 해?

4 이것만은 꼭 기억해요!

단원 마무리

학습한 인물 및 주제와 관련된 역량을 기르기 위해 필요한 자질을 다시 한번 짚으면서 단원을 마무리합니다.

이것만은 꼭!

어떤 일에 흥미를 느껴서 관심을 쏟고 그 일을 계속해서 하고 싶은 마음이 들게 하는 것, 즉 동기를 찾는 것이 중요해. 단, 동기는 아무 노력 없이 하는 행동과는 관계가 없어. 잠을 잔다든지, 숨을 쉰다든지, 멍하니 영상 콘텐츠를 보거나 과자를 먹는 것은 동기가 필요 없는 행동들이지. 자꾸 궁금하고 생각나고 관심이 가는 것이 있는지 생각해 봐. 네 마음속에 있는 동기를 찾아 봐. 그리고 그 동기를 지속시키기 위해 지금 바로 작은 일부터 실천하는 거야!

《공부의 힘》 자기주도적 활용 방법

시간을 정해서 규칙적으로 학습하기

《공부의 힘》을 학습하는 시간을 스스로 정하세요. 《공부의 힘》을 더욱 즐겁고 유익하게 활용할 수 있습니다.

'EBS 선생님'과 함께 인터넷 강의로 공부하기

위인들의 삶을 담은 애니메이션과 친절한 EBS 선생님의 설명이 담긴 강의를 보며 혼자서도 쉽게 공부할 수 있습니다.

《Who?》 위인 40명의 학습 만화 읽기

《공부의 힘》에 등장하는 《Who?》 위인 40명의 학습 만화를 읽어 보세요. 위인의 삶에 좀 더 가까이 다가갈 수 있습니다.

4~6
학년용

1

CHAPTER

1 동 기

CHAPTER

2 인 지

CHAPTER

3 몰 입

CHAPTER

4 자아존중감

★《공부의 힘》 4~6학년용 1권은 별매입니다.

차례

4~6 학년용

CHAPTER
5
창의성

시대를 앞서간 과학자

니콜라 테슬라

니콜라 테슬라는 현대 과학 문명을 100년이나 앞당겼다고 할 만큼 시대에 앞선 발명품을 많이 남겼습니다. 지금 우리가 사용하는 전기 교류 시스템을 개발한 사람도 바로 테슬라입니다. 다음은 상상력이 풍부했던 테슬라의 어린 시절 이야기입니다.

니콜라 테슬라가 다섯 살이 되었을 때, 성직자인 니콜라의 아버지는 니콜라에게 시 쓰는 법을 가르쳐 주었습니다. 또 성경 구절도 달달 외우도록 했습니다.

얼마나 잘 외웠는지 볼까?

다니엘은 100점이구나. 잘했다.

니콜라는 80점!
다음엔 좀 더 집중해라.
네.
80

너희는 어른이 되어서
아빠보다 더 훌륭한 성직자가
되어야 한다. 알았지?
네.

그러나 니콜라는 도무지 공부에
흥미를 붙이기가 힘들었습니다.

여기서 뭐 해?
공부하기 싫어서
나왔어. 난 정말
멍청이인가 봐.
슥

니콜라, 누구나
한 가지씩은 잘하는 게 있어.
너한테도 남들보다
뛰어난 점이 있을 거야.
으아~
잘 모르겠어.

얘들아, 저쪽 가서 놀아라. 아저씨는 물레방아 날개를 고쳐야 되거든.

물레방아 날개?

형! 나 방금 좋은 생각이 떠올랐어!

물레방아의 날개를 없애는 거야! 그럼 날개를 수리할 일도 없을 거 아냐!
날개 없는 물레방아?

날개 없는 물레방아라니, 정말 멋지지 않아? 꼭 만들고 말 거야.

아하, 이제 알겠다!

니콜라는 상상력이
정말 풍부하구나!
정말 멋진 재능이야.
진짜? 그럼 난
멍청한 사람이
아니네?

당연하지.
네가 누구
동생인데.
찡긋

와,
형 최고!
와락

얘들아,
점심 먹으러 오렴.
네, 가요!

나중에 날개 없는 물레방아를 만들면 형한테 제일 먼저 보여 줘야 돼. 약속!

응, 약속!

결국 니콜라는 다섯 살에 날개가 없는 물레방아를 만들어 냈습니다. 그것은 물의 흐름에 따라 일정한 속도로 돌아갔습니다. 니콜라는 틈만 나면 이것저것 새로운 생각을 떠올려 보았습니다.
아~ 저 새처럼 날고 싶다.
사람도 새처럼 하늘을 날 수 없을까?
뭔가 방법이 있을 텐데!?

CHAPTER 5 창의성

I. 조목조목 인물 탐험

니콜라 테슬라에 관한 다음 글을 읽고 물음에 답하세요.

전기의 마술사로 불리는
니콜라 테슬라

니콜라 테슬라는 직류 전기에 의존하던 시대에 교류 전기를 발명하여 세상을 바꾼 뛰어난 과학자입니다. 이 때문에 테슬라의 이름 앞에는 늘 '전기의 마술사'라는 수식어가 따라붙지요. 테슬라의 연구는 다양했습니다. 그는 교류 전기를 비롯해 무한 에너지, 통신, 전기 자동차 분야뿐만 아니라 화성과의 통신, 순간 이동 등 기상천외한 분야도 연구했지요. 그 결과, 테슬라는 현대 과학의 발전을 100년이나 앞당겼다고 할 만큼 시대에 앞선 발명품을 많이 남겼습니다. 헤아릴 수 없이 다양한 연구와 수많은 발명을 통해 세계 최고의 과학자로 우뚝 선 니콜라 테슬라, 과연 그는 어떤 점이 남달랐을까요?

어린 시절, 테슬라는 호기심이 많고 상상력이 풍부했습니다. 틈만 나면 머릿속으로 이것저것 상상하며 즐거워하곤 했지요. 그러다 보니 뜨거운 우유 통 속에 들어가 죽을 뻔한 적이 있었고, 공동묘지에서 밤을 지새운 적도 있었습니다. 테슬라의 이런 모습은 엉뚱하고 위험해 보이기도 했지만, 이렇게 강한 호기심과 상상력은 훗날 테슬라가 수많은 발명품을 만들 수 있게 하는 원동력이 되었습니다.

성직자였던 테슬라의 아버지는 테슬라도 성직자가 되길 바랐습니다. 하지만 다섯 살 무렵부터 혼자서 날개 없는 물레방아를 만들어 낼 정도로 발명에 소질이 있던 테슬라는, 성직자가 아닌 과학자가 되고 싶었지요. 그래서 테슬라는 오랜 시간 아버지를 설득한 끝에, 과학자가 되어도 좋다는 허락을 받고 오스트리아의 종합 기술 학교에 진학했습니다.

열심히 공부하던 어느 날, 테슬라는 직류 전동기에 의문을 품게 되었습니다. 전기의 흐름은 항상 일정한 방향으로 흐르는 직류와 시간에 따라 크기와 방향이 주기적으로 변하는 교류가 있는데, 당시에는 직류 전동기만이 사용되고 있었거든요. 테슬라는 전기 손실이 많은 직류 시스템의 한계를 깨닫고, 교류 시스템을 연구하기 시작한 것이었죠. 주위에서는 모두 교류 전동기를 만드는 일은 불가능하다고 했지만, 테슬라는 확신을 가지고 끝까지 연구에 몰두했습니다. 그리고 마침내 교류 전동기와 발전기를 만들어 내며 교류의 시대를 열었습니다. 바로 이것이 지금 전 세계의 표준 시스템이 된 교류 시스템입니다.

이와 같이 테슬라는 어린 시절 과학자의 꿈을 품은 뒤, 계속해서 무언가를 연구하고 발명하는 길을 걸었습니다. 테슬라의 연구들이 처음부터 주목받았던 것은 아니었어요. 테슬라는 여러 번 실패했지만, 절대 포기하지 않았지요. 이러한 꾸준함과 성실함 덕분에 그는 과학 분야에서 위대한 업적을 세울 수 있었던 것입니다.

1 **니콜라 테슬라의 별명은 무엇인가요?**

① 엉뚱한 성직자
② 직류 전동기의 아버지
③ 전기의 마술사
④ 발명왕
⑤ 100년에 한 번 나오는 과학의 왕

2 **니콜라 테슬라에 관한 설명으로 옳은 것은 무엇인가요?**

① 아버지의 뜻대로 성직자가 되었다.
② 오스트리아에서 교사 생활을 했다.
③ 교류 시스템에서 전기 손실이 많은 것을 걱정했다.
④ 직류 전동기의 시대를 열었다.
⑤ 전기 산업에서 교류의 시대를 열었다.

3 **니콜라 테슬라가 목표를 달성할 수 있었던 이유로 알맞지 않은 것은 무엇인가요?**

① 당연하다고 생각하지 않고 궁금해하는 호기심
② 실패를 두려워하지 않는 열정
③ 자신의 꿈을 위해 적극적으로 설득하는 용기
④ 많은 사람들과의 끊임없는 교류
⑤ 자신의 관심 분야에 대한 꾸준한 노력과 연구

▶ 정답: 210쪽

Ⅱ. '나'와 니콜라 테슬라

STEP 1

창의성 이해하기

다른 사람들이 지금까지 생각하지 못했던 새로운 것을 만들어 내고, 문제 상황에 적절하게 대처할 수 있는 능력을 창의력이라고 합니다. 창의성이 높으면 창의력을 기를 수 있는데 이런 창의성은 호기심에서 비롯되지요. 테슬라는 강한 호기심 때문에 엉뚱한 생각과 행동을 하곤 했지만, 그 덕분에 수많은 발명품을 개발할 수 있었어요. 여러분도 테슬라처럼 호기심 때문에 엉뚱한 생각이나 행동을 한 적이 있나요?

니콜라 테슬라는 이랬어.

테슬라는 어린 시절 하루가 멀다 하고 말썽을 피웠어. 우산을 들고 날아 보겠다며 곳간 지붕에서 뛰어내리기도 하고, 집 안의 시계란 시계는 모두 분해해서 못 쓰게 만든 적도 있었지. 넘쳐 나는 호기심 때문에 어른들한테 혼난 적도 많았지만, 이러한 호기심은 훗날 테슬라의 놀라운 발명을 가능하게 만드는 힘이 되어 주었어.

너는 어땠어?

생각 쑥쑥

다음 글을 잘 읽고, 정답을 맞혀 보세요.

"아빠한테 250원, 엄마한테 250원을 빌렸는데, 470원짜리 과자를 사 먹었어. 그럼 30원이 남잖아.
그래서 아빠께 10원, 엄마께 10원을 다시 돌려 드렸지. 그리고 10원은 내가 가졌어.
그럼 엄마랑 아빠한테 240원씩 빌린 건데 이걸 더하면 480원이잖아.
여기에 내가 가진 10원을 더했더니 490원이 된 거야. 나머지 10원은 어디 갔을까?"

▶ 정답: 210쪽

STEP 2

창의성 기르기

창의성을 기르기 위해서는 창의성을 방해하는 환경을 이겨 내야 합니다. 테슬라는 주변의 만류에도 불구하고 끝까지 과학에 대한 자신의 창의적인 생각을 포기하지 않았습니다. 여러분은 어떤 일을 할 때 계속 관심이 가고 창의적인 생각이 드는지 떠올려 보고, 창의성에 방해가 되는 것들을 어떻게 극복해야 할지 생각해 보세요.

니콜라 테슬라는 발명에 아주 관심이 많았어.

테슬라는 무슨 일이든 끈기 있게 해내고 마는 성격이었어. 아버지가 과학자가 되는 것을 말렸을 때 테슬라가 포기했다면 어땠을까? 또 교류 시스템은 불가능하다는 주변 사람들의 말을 들었다면? 아마 '전기의 마술사' 니콜라 테슬라는 없었을 거야.

나는 (   )에 아주 관심이 많아.

이것만은 꼭!

테슬라를 떠올려 봐. 테슬라는 교류 전동기에 관심이 많았어. 당시에 교류 전동기는 전기가 사람의 몸에 통하게 해서 큰 사고를 일으킬 수도 있다고 많은 사람들이 반대했지. 하지만 테슬라는 아랑곳하지 않고 더 열심히 자신만의 연구를 지속했고, 결국 인류를 돕는 교류 전동기를 개발했어. 테슬라는 자신이 하는 일에 어떻게 그렇게 확신할 수 있었을까? 바로 끊임없는 연구와 노력이 그 확신의 원동력이었어. 교류 전동기에 대해 단순히 호기심만 갖고 있던 것이 아니라 꾸준히 관련 자료를 찾아 연구하고 실험하면서 더욱 자신의 생각을 확신하게 되었지. 마음속에 있는 호기심을 지속시키고 멋진 결과물을 만들어 내고 싶다면 지금 바로 관심이 가는 작은 일부터 고민하고 실천해 보는 건 어때?

23강
창의성 ②

인류의 삶을 바꾼 발명왕

토머스 에디슨

에디슨은 일생 동안 1,000가지가 넘는 발명품과 아이디어를 고안했는데, 그 발명품들은 모두 실생활에 유용한 것들이어서 인류의 삶에 큰 도움을 주었습니다. 다음은 호기심이 가득했던 에디슨의 어린 시절 이야기입니다.

호기심 많은 에디슨이 첫 실험을 시작한 나이는 여섯 살 때였어요.
으으, 다리 아파. 배도 고프고. 그만 갈까?
안 돼. 아침부터 품고 있었으니까 곧 새끼 거위가 나올지도 몰라. 조금만 더 기다려 보자.

앨!
앨!

벌컥
파삭

세상에!
이게 다 뭐야?

조금만 더 하면
되는데.

알을 부화시키려고
품고 있었던
거니?

네, 따뜻하게 품고 있으면
새끼 거위가 나온다고
하셨잖아요.

음, 스무 밤은 더
자야 할걸?
헉! 그렇게나
오래요?
그렇단다.
할 수 있겠니?
……
아니요.
앨, 세상에
쉬운 일은 없단다.
더군다나 생명을
탄생시키는 일은
아주 어려운
일이란다.
그렇지만 세상에
불가능한 일은 없다고
아빠가 말씀
하셨는걸요.
아빠 말씀도 맞아.
인내를 가지고
끈기 있게 노력한다면
불가능은 없지.
인내? 끈기?
그게 뭔데요?
인내란 어려움을 참고
견디는 것이고, 끈기는
쉽게 포기하지 않고
끈질기게 해 나가는
것을 뜻한단다.

힘들고 어려워도
포기하지 않고 계속하면
뭐든지 이룰 수 있는 거죠?

맞아.
하지만 누구나 가장
잘할 수 있는 일이 있단다.
새끼 거위를 부화시키는 일은
어미 거위가 가장 잘하는
일이란다. 엄마가 우리 앨을
가장 잘 돌보는 것처럼.

엉뚱한 첫 실험은 실패로 돌아갔지만
에디슨은 실망하지 않았습니다.
이 실험을 통해 인내의 중요성을 깨달을 수
있었기 때문입니다.
그렇구나.

한편, 에디슨이 사는 밀란에는
큰 배도 거뜬히 지나다니는 넓은 호수가 있어서
곡식을 실어 나르는 배가 하루에도 수백 대씩
몰려들어 늘 사람들로 북적였습니다.
호기심 많은 에디슨의 눈에는 그 모든 것이
신기하게만 보였습니다.
와!
굉장하다.
저 큰 배가 어떻게
물에 뜰까? 아! 배를
만드는 곳에 가서
물어봐야겠다.

같이 놀 만한 친구도,
변변한 장난감도 없는 에디슨에게
마을은 거대한 놀이터였습니다.
앨이다!
앨이 나타났다!
휴, 수다쟁이 녀석이
또 오셨군. 피해야겠다.
에디슨이 나타나면
사람들은 그가 쏟아 내는
질문에 시달렸고 호기심이 많아
행여 사고라도 치지 않을까
조마조마했습니다.
아저씨, 배는 왜
물 위에 뜨나요?
나무로 만들었기
때문이란다.
그럼 나무는
어떻게 물 위에 뜰 수
있는 건가요?
나무의 무게가 물의 무게보다
가볍기 때문에
뜨는 거란다.

사람들은 지칠 줄 모르고
엉뚱한 질문을 해 대는
에디슨을 보며 머리가 이상한
아이라며 수군거렸습니다.

진드기 같은 녀석!
어린놈이 뭘 그리
꼬치꼬치 캐묻는 게야!
썩 가지 못해!

아저씨들이 상대해 주지 않아 심통이 난
에디슨은 *제재소에 몰래 들어가
널빤지를 들고 나왔습니다.

흥! 나무가 물에
뜨는지 안 뜨는지
내가 직접 해 볼 거야.

* **제재소** 베어 낸 나무로 목재를 만드는 곳

I. 조목조목 인물 탐험

토머스 에디슨에 관한 다음 글을 읽고 물음에 답하세요.

1998년, 미국의 대표적인 시사 주간지 〈타임〉은 새 천년을 맞이하여, 지난 천 년 동안 인류 역사에 가장 큰 영향력을 끼친 인물 1위에 에디슨을 선정했습니다. 에디슨이 백열전구를 발명하기 전까지 인류는 촛불과 기름 램프로 어둠을 밝혀야 했지요. 그래서 그 이전까지의 사람들은 해가 지면 바로 잠자리에 들었고, 밤에 활동하는 데 제약이 많았습니다. 하지만 에디슨 덕분에 활동 시간 제약이 사라질 수 있었답니다. 에디슨은 일생 동안 백열전구를 비롯해 전기 투표 기록기, 축음기, 영사기 등 1,000가지가 넘는 발명품과 아이디어를 고안했는데, 이 발명품들은 모두 실생활에 유용한 것들이어서 인류의 삶에 큰 도움이 되었습니다. 그럼, 도대체 무엇이 에디슨을 이와 같이 위대한 발명왕으로 이끌었는지 함께 살펴볼까요?

에디슨은 1847년 2월 11일, 미국 오하이오주에서 태어났습니다. 어려서부터 에디슨은 세상을 호기심 가득한 눈으로 보았고, 궁금한 것이 생기면 참지 못하고 질문을 퍼부었습니다. 이런 에디슨을 학교 선생님은 감당하지 못했고, 그는 결국 3개월 만에 학교에서 쫓겨나고 말았습니다. 하지만 전직 교사였던 에디슨의 어머니는 그의 남다른 호기심을 칭찬하며, 에디슨을 집에서 직접 가르쳤습니다.

어린 시절 에디슨은 이런 남다른 호기심 때문에 여러 실험에 도전했는데요. 생애 첫 실험은 여섯 살 때 거위 알을 품어 새끼를 부화시키려는 실험이었습니다. 이후엔 지하실에 실험실을 차렸고, 열차에서 신문을 팔 때는 화물칸에 실험실을 차리기도 했습니다. 에디슨은 태워도 연기가 나지 않는 풀이 있다는 걸 증명하려다 헛간을 태우기도 했고, 하늘을 날게 해 주겠다며 친구에게 가스를 만드는 가루를 먹게 해서 큰일 날 뻔하기도 했지요. 또 열차 화물칸에서 실험을 하다가 불을 낸 일로 뺨을 맞아 한쪽 귀의 청력을 잃기도 했습니다. 이러한 시행착오를 거치면서 에디슨은 하나의 발명품이 탄생하기까지는 수많은 시간과 노력이 필요하다는 걸 알게 되었습니다. 그리고 실패에 굴하지 않는 실험 정신이 필요하다는 것도 깨닫게 되었지요.

그 후, 에디슨은 백열전구의 핵심인 필라멘트를 연구하면서 재료를 찾기 위해 전 세계를 돌아다녔고, 수백 가지가 넘는 재료로 같은 실험을 반복했습니다. 그 결과, 백열전구가 탄생한 것이었죠. 에디슨은 "발명을 할 때면 언제나 해결해야 할 새로운 문제가 나타난다. 여기서 중요한 점은 문제에 직면했을 때 포기하지 않는 것이다."라고 말하며, 원하는 결과가 나올 때까지 실험을 계속했지요. 이렇게 에디슨은 수많은 실패를 거듭하며 발명왕이 되었고, 훗날 '실패는 성공의 어머니'라는 명언을 남기기도 했습니다.

1932년의 토머스 에디슨.

1 **에디슨이 발명한 것이 아닌 것은 무엇인가요?**

① 백열전구
② 축음기
③ 영사기
④ 공기청정기
⑤ 전기 투표 기록기

2 **에디슨의 일화로 알맞지 않은 것은 무엇인가요?**

① 끊임없이 질문했다.
② 학교에서 쫓겨났다.
③ 화물칸에서 실험을 하다 불을 냈다.
④ 부화시키기 위해 거위 알을 품었다.
⑤ 하늘을 날겠다며 위험한 가루를 먹었다.

3 **에디슨이 꿈을 이룰 수 있었던 이유로 알맞지 않은 것은 무엇인가요?**

① 남다른 호기심
② 관심 분야에 대한 끝없는 몰입
③ 세상을 보는 보편적인 관점
④ 굴하지 않는 실험 정신
⑤ 시행착오를 직접 거치며 얻어낸 가치

▶ 정답: 210쪽

Ⅱ. '나'와 토머스 에디슨

STEP 1

창의성 실현하기

에디슨은 창의성을 실현하기 위해 알고 싶은 것과 해내고 싶은 것을 끊임없이 탐구했습니다. 여러분도 에디슨처럼 하고 싶은 일을 깊이 탐구해 본 경험이 있나요?

토머스 에디슨은 이랬어.

에디슨은 평생 동안 발명에만 몰두했어. 발명은 에디슨에게 가장 재미있는 일이었고, 연구실은 가장 편안한 장소였지. 하루는 에디슨의 부인이 걱정스럽게 에디슨에게 어디 가서 좀 쉬라고 말했어. 그러자 에디슨이 물었지.

"어디 가서 쉬어야 할까?"

"당신에게 가장 편안한 곳에서 쉬면 되지요."

부인의 대답을 듣고 에디슨이 향한 곳은 연구실이었어. 연구소를 세우고부터 에디슨은 하루 18시간 이상 연구와 실험에 매달렸지. 에디슨에게 연구는 일이 아니라 즐거운 몰입의 시간이었던 거야.

그 결과, 에디슨은 값싸고 질 좋은 백열전구를 발명했고, 그 덕분에 인류는 스위치만 켜면 밤을 대낮처럼 환하게 밝힐 수 있게 되었지.

너는 어땠어?

생각 쑥쑥

다음 모양에서 성냥개비 한 개를 한 번만 움직여서 숫자 5를 만들어 보세요.

▶ 정답: 210쪽

STEP 2

창의성 기르기

하고 싶은 일을 열심히 했는데도 원하는 결과가 나오지 않고 자꾸 실패한다면 포기하고 싶은 생각이 들 거예요. 하지만 창의성을 기르기 위해선 실패를 당연하게 생각하고, 하려는 일을 포기하지 않고 계속 시도해야 합니다. 여러분은 실패를 거듭해도 잘 해내고 싶은 일이 있나요? 있다면 그 일을 잘하기 위해서 어떻게 해야 할지 생각해 보세요.

토머스 에디슨은 백열전구 실험을 결코 포기하지 않았어.

에디슨은 2,000번이 넘는 실패 끝에 백열전구를 발명했지만, 한 순간도 실패로 여기지 않았어. 그는 단지 2,000가지의 방법이 효과가 없다는 걸 입증했을 뿐이라고 생각했지.

만약 에디슨이 실패 앞에 굴복했다면 인류가 백열전구의 혜택을 누리는 것은 조금 더 늦춰졌을 거야. 에디슨처럼 장애물을 만나더라도 포기하지 않는 게 중요해. 성공이나 실패는 실험 정신을 가지고 도전하기 전에는 알 수 없는 거니까.

나는 (　　　　)을/를 포기하지 않을 거야.

이것만은 꼭!

에디슨의 성공 열쇠는 무엇이었을까? 바로 독서와 메모야. 에디슨은 독서에 많은 시간과 돈을 투자했어. 에디슨이 평생 읽은 책은 350만 쪽으로 매일 한 권씩 읽어도 30년이 걸리는 어마어마한 분량이야. 이런 독서 습관이 위대한 발상의 시초를 이루었지. 또한, 에디슨은 어려서부터 일기에 하루 일과를 기록했고 어른이 되어서도 보고 들은 것은 무엇이든 옮겨 적는 메모광이었어. 그는 늘 주머니에 노트를 넣고 다니며 메모했는데, 이 메모가 바로 에디슨이 창조적인 발명품을 만드는 데 큰 도움이 되었어. 너도 창의성을 기르고 싶다면 에디슨처럼 너만의 성공 열쇠를 찾아서 실천해 봐.

창조적인 사업가

스티브 잡스

학창 시절 말썽만 부리던 소년이었던 스티브 잡스는 컴퓨터에 마음을 빼앗기고부터 창의적이고 열정적인 모습으로 변했고, 훗날 혁신적인 디지털 기기 회사인 '애플'을 설립했습니다. 다음은 스티브 잡스가 말썽꾸러기 소년이었던 시절의 이야기입니다.

어린 시절, 스티브는 심한 장난꾸러기였습니다.
좀처럼 가만히 있지 못해서 부모님의 걱정을 사기도 했습니다.

흠……. 이게 어디에 쓰는 물건이지?

아, 그래!

헤헤, 여기라면 딱 맞을 줄 알았어!

지직
지지직
갑자기 왜 이러지?
으아아아악!
스티브?
무슨 일이니, 스티브!
으앙, 뜨거워!
엄마, 불이 번쩍했어요!
괜찮니? 어쩌다 이렇게 된 거야?
이런, 온통 그을렸잖아?

스티브!
세, 세상에!
휴, 오늘도
텔레비전 보기는
틀렸군.
지난번에는 라디오를
망가뜨리더니 오늘은
텔레비전이니?
어,
엄마…….
그러다가 또 다치면
어쩌려고 그래?
너는 왜 이렇게 겁이 없니?
…….
흐음, 스티브의 왕성한
호기심을 풀어 줄 수 있는
방법을 찾아봐야겠어.

스티브,
여기가 아빠
작업실이다.

와아!

후후, 녀석.
날 닮아 기계를
좋아하는군.
정말 끝내줘요!
아빠 여기서
뭘 하세요?

이건 뭐예요?
차 만드는 기계?
저건 또 뭐지?
하하, 하나씩 물어야
아빠가 대답해 주지.
자, 스티브.
네?
오늘부터 너도
작업실을 써도 좋다.
대신 나한테 먼저 허락을
받아야 해. 알겠니?
네, 아빠!
뭐부터 시작할까?
공구 쓰는 법을 먼저
알려 줘야겠지?
이거!
전 이걸로 할래요!
그건 너한테 너무 커.
네 것은 여기 따로
준비했단다.

와, 이걸 모두
제 마음대로 써도 돼요?
신난다!

이렇게 돌리면
나사를 풀 수 있어.
어때, 쉽지?
네!

모두 말썽꾸러기라고 손가락질했지만
스티브는 자신의 호기심을 풀
대상이 없었던 것뿐이야.
이제 이 작업실에서 네 꿈을 펼치렴.

스티브는 여러 가지 물건 중에
특히 전자 제품에 큰 관심을
보였습니다. 매일 전자 기기를
분해하고 조립하면서
점점 아버지의 창고에서
보내는 시간이 길어졌습니다.
스티브!
너, 또…….

I. 조목조목 인물 탐험

스티브 잡스에 관한 다음 글을 읽고 물음에 답하세요.

어린 시절 스티브 잡스는 학교생활에 적응하지 못하고 말썽만 부리는 소년이었지만, 뒤늦게 공부에 재미를 붙인 잡스의 성적은 탁월했습니다. 그 덕분에 잡스는 한 학년을 건너뛰고 중학교에 입학하기도 했지요. 그러다 컴퓨터라는 기계에 마음을 빼앗기고부터 그는 창의적이고 열정적인 모습으로 변했습니다.

창의적으로 변모한 잡스는 그 후 '애플'이라는 회사를 세우고 새로운 제품들을 만들어 내며 회사의 놀라운 성장을 이끌었습니다. 그의 이런 성공 비결은 무엇이었을까요? 바로 혁신적이고 창의적인 생각과 실행력이었답니다.

1970년대 말, 일반 가정에 컴퓨터가 판매될 것이라고 생각한 사람은 많지 않았습니다. 그때까지만 해도 컴퓨터는 전자 제품에 대한 지식이 해박한 컴퓨터 전문가들만이 사용하는 것이라 여겼기 때문이지요. 하지만 잡스의 생각은 조금 달랐습니다. 그는 누구나 손쉽게 이용할 수 있는 컴퓨터를 만든다면 당장에라도 가정에 판매할 수 있다고 생각했습니다. 그래서 잡스는 손쉽게 사용 가능한 애플 Ⅱ를 개발했지요. 잡스의 생각대로 애플 Ⅱ는 가정의 환영을 받으며 팔렸고, 개인용 컴퓨터 시장의 선두주자가 되었습니다.

사실 성공한 사업가 중엔 잡스처럼 많은 실패를 경험한 사람도 드뭅니다. 자주 비교되는 마이크로소프트의 빌 게이츠만 봐도 잡스와 같은 인생의 굴곡은 없었지요. 잡스는 애플에서 자신이 제안했던 리사(1980년대 초반 설계한 PC)와 개발을 지휘했던 매킨토시로 실패를 맛보았고, 그 일로 결국 자신이 세운 회사에서 쫓겨나는 시련을 겪기도 했습니다. 이후 설립한 넥스트 컴퓨터 또한 성공과는 거리가 멀었고요. 스티브 잡스는 애플 Ⅱ를 통해 어린 나이에 성공을 일구어 냈지만 애니메이션 스튜디오로 재기할 때까지 오랜 세월을 실패자로 보냈다고 해도 과언이 아닙니다.

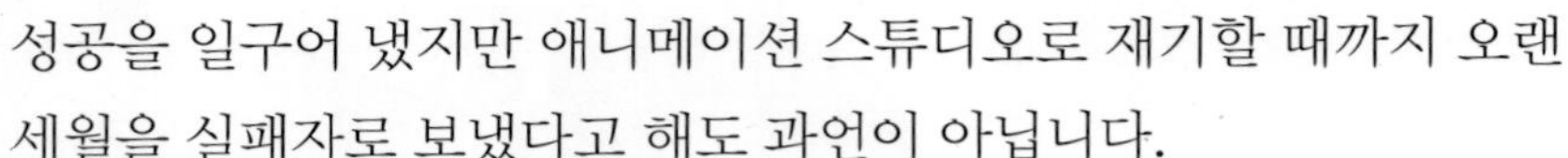

그러나 잡스는 실패를 통해 계속 배우고 성장했습니다. 리사 프

로젝트는 실패했지만, 그는 자신이 채택했던 *GUI의 미래를 확신했어요. 그래서 GUI를 다른 컴퓨터에 적용하며 발전시켜 나갔습니다. 결국, GUI는 애플뿐만 아니라 다른 회사의 운영 체제에도 널리 쓰이면서 오늘날 개인용 컴퓨터의 표준이 되었습니다. 만약 리사의 실패로 잡스가 GUI를 포기했다면 우리가 지금처럼 컴퓨터를 쉽게 사용할 수 없었을 겁니다.

* **GUI** Graphical User Interface, 아이콘 등을 활용한 그림 위주의 새로운 컴퓨터 운영 방식

CHAPTER 5 창의성

1 **스티브 잡스의 직업은 무엇인가요?**

① 협상가
② 투자자
③ 사업가
④ 성악가
⑤ 금융전문가

2 **스티브 잡스에 대한 설명으로 옳은 것은 무엇인가요?**

① 빌 게이츠와 함께 마이크로소프트를 세웠다.
② 애플이라는 회사의 청소부로 시작하여 사장이 되었다.
③ 혁신적인 생각으로 늘 실패 없이 성공 가도만을 달렸다
④ 스티브 잡스가 만든 애플 II는 사람들의 관심을 얻지 못했다.
⑤ 자신이 세운 회사에서 쫓겨나는 시련을 겪었다.

3 **스티브 잡스가 목표를 달성할 수 있었던 이유로 가장 알맞은 것은 무엇인가요?**

① 따뜻한 배려
② 모든 이에게 했던 친절한 말투
③ 실패와 시련에 굴하지 않고 창의적인 생각을 실현하는 열정
④ 사람들과의 관계를 최우선으로 하는 감성주의
⑤ 과학 전문가로서 최상의 연구 환경을 선사한 조부모님

▶ 정답: 210쪽

Ⅱ. '나'와 스티브 잡스

STEP 1

창의성 이해하기

다른 사람들이 생각하지 못했던 것을 생각해 내는 능력을 기르기 위해서는 창의성이 높아야 해요. 스티브 잡스는 남들과 다른 생각 때문에 시련을 겪었지만, 바로 그 생각 덕분에 성공할 수 있었지요. 여러분도 스티브 잡스처럼 남들과 생각이 달라서 시련을 겪은 적이 있는지 생각해 보세요.

스티브 잡스는 이랬어.

사람들은 스티브 잡스가 애플 II 때부터 지나치게 제품의 디자인에 집착해서 개발에 꼭 필요한 것을 놓치고 있다고 지적했지. 수많은 비난과 지적에도 불구하고 스티브 잡스는 편의를 추구하는 자신의 창의적인 철학이 담긴 디자인을 고수했어.

훗날 스티브 잡스는 기능까지 고려한 멋진 디자인의 제품을 만들며, 전자제품이 아니라 예술품을 만든다는 자신의 철학이 시장에서 통한다는 것을 증명했지.

스티브 잡스가 애플에 복귀한 이후 만든 아이맥, 아이팟, 아이폰 등은 혁신적인 기능과 디자인이 절묘하게 조화된 제품들로 애플에 충성스러운 고객을 만드는 데 큰 역할을 했어.

너는 어땠어?

생각 쑥쑥

다음 그림에서 성냥개비를 한 개만 움직여서 알맞은 식이 되도록 만들어 보세요.

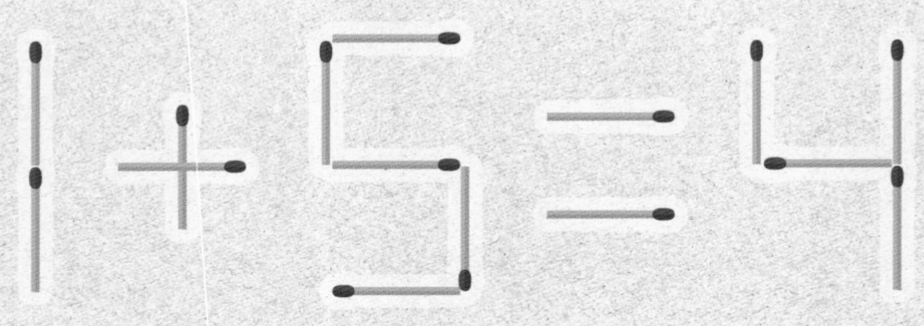

▶ 정답: 210쪽

STEP 2

창의성 기르기

창의적인 생각은 기존의 생각과 달라서 반대나 적대감 같은 방해를 받을 수 있어요. 그렇기 때문에 창의적인 생각은 신념을 갖고 잘 이끌어 가야 합니다. 여러분은 창의적인 생각이 방해받을 때 어떤 생각을 하는지 떠올려 보세요.

스티브 잡스는 창의적인 생각이 방해받을 때 이렇게 생각했어.

스티브 잡스의 업적을 한마디로 요약하면 '혁신'이라고 할 수 있어. 그는 애플 II로 개인용 컴퓨터 시대를 열었고, 아이팟으로 음악 산업 전체를 흔들었으며, 아이폰으로 스마트폰 시장을 바꾸어 놓았지.

스티브 잡스는 기존 것을 당연하다고 생각하지 않고 창의적으로 생각했어. 그리고 실패할 가능성이 높다는 주변의 우려에도 포기하지 않고 일을 추진했지. 바로 이런 굳은 신념이 애플의 혁신을 이끌었던 거야.

너는 창의적인 생각이 방해받을 때 어떤 생각을 했어?

이것만은 꼭!

스티브 잡스를 떠올려 봐. 2000년대 초 인터넷이 보급되고 음악 파일이 인터넷상에서 불법으로 유통되자 음악 관계자들은 컴퓨터로 음악을 다운로드하는 행위를 없애야 한다고 주장했어. 하지만 잡스는 컴퓨터로 음악을 듣는 행위를 막을 수 없다고 생각했고, 오히려 기존 음악 시장이 디지털 음악 시장으로 바뀔 거라고 예측했지. 그래서 음악 CD를 컴퓨터에서 들을 수 있는 디지털 파일로 바꾸고, 애플 뮤직 스토어에서 손쉽게 음악을 재생하거나 다운로드할 수 있는 아이튠즈를 개발했어. 그리고 아이튠즈와 자유롭게 연동되는 휴대용 MP3 플레이어 아이팟을 만들어 디지털 음악 시장에 혁명을 일으켰지. 남들과 다른 창의적인 생각이 세상을 바꾼 거야. 정말 매력적이지 않니? 너도 지금 당장 네 안에 숨어있는 창의적인 생각을 찾아봐.

현대 미술의 거장

파블로 피카소

20세기 천재 화가 피카소는 타고난 재능에 끊임없는 노력을 더해 오늘날 현대 미술의 거장이 되었습니다. 다음은 창의력이 남달랐던 피카소의 학창 시절 일화입니다.

바르셀로나에 있는 미술 학교에 다니던 피카소는 학교의 틀에 박힌 교육에 싫증을 느끼게 됩니다.

나는 뭔가 새로운 방식으로 그리고 싶은데…….

학교는 별로지만 활기 넘치는 바르셀로나의 분위기는 마음에 드네.

매일 석고상을 그대로 본떠서 그리는 게 너무 지루해요.

하긴……. 파블로도 이제 자기만의 그림을 그려 볼 때도 되었지요.

게다가 목탄으로 나뭇잎이나 고전 건물을 사실대로 그리는 소묘 실습은 정말이지 숨이 막혀요!

흠, 집안 사정이
넉넉하지는 않지만
너에게 작업실을
만들어 주마.
작업실이요?

그거 정말
좋은 생각이네요.
파블로가 마음 편하게
그림에만 집중할 수
있을 테니까요.

아버지는 피카소의 장래를 위해
작업실을 만들어 주었습니다.
그러나 피카소는 여전히
자신의 그림에 대한 아버지의
간섭이 마음에 들지 않았습니다.

흠, 소녀가 신부님께
*영성체를 받는 장면이 잘 묘사되었구나.
신성한 분위기를 느끼게 해 주는
훌륭한 종교화가 되겠는걸?

* **영성체** 가톨릭의 예식

하지만 저는
이런 그림 별로예요.
뭐? 그게
무슨 말이냐?

1897년, 피카소는
산 페르난도 왕립 미술 학교 입학시험에
합격하여 가족을 떠나 마드리드로 갑니다.
피카소는 하늘을 나는 듯했습니다.
드디어 아버지와 고전적인 화풍에서 벗어날 수
있는 기회가 왔다고 믿었기 때문입니다.

그러나 피카소의 생각은 큰 착각이었습니다. 미술 수업 방식은 어디를 가나 똑같았습니다.
아, 어쩌면 이렇게 아버지의 수업 방식과 똑같은 걸까?

라 론하도, 에스파냐 최고라는 이곳도, 모두 한결같아.

파블로, 이런 지루한 수업을 듣느니 차라리 거리를 쏘다니는 게 낫지 않겠어?

좋아!

피카소는 친구와 함께 학교 수업을 빠지고 마드리드 거리를 돌아다녔습니다.

학교 수업만이 전부는 아니잖아.

피카소가 학교에 가지 않는 날이 점점 더 많아지자 삼촌은 아버지 대신 보내 주던 학비를 끊어 버렸습니다.
눈에 보이는 그대로 그리는 그림은 별 의미가 없는 것 같아요.
엉뚱한 소리 그만해. 그림은 느낌보다는 얼마나 사실적으로 묘사하는지가 더 중요해. 알겠니?
파블로!
난 무엇보다 자유롭게 그리고 싶어. 세상의 모든 것을 보고 느끼며, 그것을 그림으로 표현하고 싶어.
오, 인물들이 우수에 찬 듯하면서 고요해 보이는데! 엘 그레코의 영향을 받은 거지?
그런데 방이 너무 추워. 너희 삼촌은 아직도 화가 안 풀리셨니?

바르셀로나의 집
그 좋은 학교를 그만두겠다고?
아버지, 저에게 학교는 별 의미가 없어요. 고리타분하고 더 이상 배울 게 없다고요.
이 세상이 재능만으로 성공할 수 있는 줄 알아? 당장 학교로 돌아가!

제 목표는 사회적으로 성공하는 게 아니에요.
그럼 뭔데?
제 목표는 최고의 그림을 그리는 거예요. 전통에 얽매이지 않고 저만의 그림을 그리고 싶어요.
허, 어이가 없군.
파블로. 무슨 일이 있어도 학교는 계속 다녀야 해. 그리고 세상이 요구하는 그림을 그리도록 해라. 전통을 깨는 그림을 그리겠다는 등 쓸데없는 생각 말고!
죄송하지만 이제 더 이상 아버지 말씀은 듣지 않겠어요.

I. 조목조목 인물 탐험

파블로 피카소에 관한 다음 글을 읽고 물음에 답하세요.

젊은 시절의 파블로 피카소.

예술가에 대해서 잘 모르더라도 '피카소'라는 이름을 모르는 사람이 있을까요? 천재 화가의 대명사, 파블로 피카소는 1881년 에스파냐에서 태어났어요. 그는 어려서부터 그 재능이 남달랐지만, 그가 최고의 화가로 성공할 수 있었던 건 단지 재능 덕분만은 아니었습니다. 피카소에게는 항상 새로운 것을 추구하는 강한 의지와 열정이 있었지요. 실제로 피카소는 회화, 도자기, 동판화 등 5만여 점이나 되는 작품을 남긴 열정 넘치는 화가였답니다.

예술사에 큰 획을 그은 피카소가 태어난 19세기 말은 산업화로 인한 사회 발전으로 세계가 크게 변하던 시기였습니다. 그는 이러한 시대의 변화에 부응하듯 예술가로서 시도할 수 있는 모든 가능성에 도전하였고, 기존 회화의 법칙을 완전히 뒤엎는 입체주의를 탄생시키며 미술사에 변혁을 이루었습니다.

피카소는 화가로서 이름이 잘 알려져 돈을 벌기 시작했을 때에도 늘 새로운 작품을 위해 고민했습니다. 그는 기존 회화에 얽매이지 않는 자유로운 표현 방식을 찾으려 애썼는데, 그 이유는 당시 시대가 전통적인 회화 양식과는 다른 무언가를 요구한다는 것을 느끼고 있었기 때문이었지요.

특히 피카소는 눈에 보이는 대로 그린 그림보다는 사물의 본질을 표현한 그림에서 영감을 얻었습니다. 그러면서 자신만의 새로운 방식을 찾기 위해 밤낮없이 그림에 몰두했고, 마침내 1907년 〈아비뇽의 여인들〉을 처음으로 공개하게 됩니다. 그런데 당시 이 그림은 표현 방식이 워낙 낯설어 많은 사람들의 혹평을 받았습니다. 하지만 얼마 지나지 않아 〈아비뇽의 여인들〉은 입체주의의 선구적인 작품으로 인정받게 됐지요.

그 후, 피카소는 1973년 92세의 나이로 세상을 떠나기 직전까지 붓을 놓지 않았을

정도로 작품 활동을 활발하게 했습니다. 그는 새로운 것에 대한 시대적인 열망을 읽어 냈고, 다양한 시도를 함으로써 20세기 현대 미술에 큰 족적을 남겼습니다. 피카소는 타고난 재능에 항상 새로운 것을 추구하는 도전 정신, 굳은 신념과 끊임없는 노력을 더해 현대 미술의 거장으로 남게 된 것입니다.

1 **파블로 피카소의 직업은 무엇인가요?**

① 화가
② 교수
③ 발명가
④ 과학자
⑤ 정치인

2 **파블로 피카소에 대한 설명으로 옳은 것은 무엇인가요?**

① 회화만 그렸다.
② 1,000개의 작품을 남겼다.
③ 재능이 없었지만 끊임없는 노력으로 성공했다.
④ 당시 종교와 관련된 그림을 그렸다.
⑤ 입체주의를 탄생시켰다.

3 **파블로 피카소가 자신의 인생 목표를 달성할 수 있었던 이유로 알맞지 않은 것은 무엇인가요?**

① 새로운 것을 추구하는 강한 의지
② 모든 가능성에 도전하는 열정
③ 전통적인 표현 방식의 고수
④ 남다른 재능
⑤ 새로운 작품을 위한 끊임없는 고민

▶ 정답: 211쪽

Ⅱ. '나'와 파블로 피카소

STEP 1

창의성 발휘하기

창의적인 생각이 지나치게 새롭다면 주변의 따가운 시선이나 차가운 평가를 받을 수도 있어요. 하지만 창의성을 발휘하기 위해선 자신의 생각에 자신감을 갖고 끈기 있게 도전해야 합니다. 여러분은 어떤 일에 끈기 있게 도전하며 창의성을 발휘해 본 적이 있나요? 있다면 그 경험을 떠올려 보세요.

파블로 피카소는 이랬어.

피카소의 아버지는 화가이자 미술 교사로 일찍부터 피카소의 예술적 재능을 알아보고 피카소를 위대한 화가로 키우기 위해 노력했어. 아버지의 엄격하고 꾸준한 교육을 통해 피카소는 뛰어난 관찰력과 표현력을 가진 화가가 되었지. 하지만 자유분방하고 새로운 것을 추구하는 피카소는 전형적인 교육을 강조하는 아버지와 갈등을 겪기도 했어.

이후 피카소는 새로운 기법의 작품을 발표했고, 기존 표현 방식과는 너무 달랐던 그 작품은 많은 사람들의 혹평과 비난을 받았지. 그러나 그는 자신의 작품에 대한 확신을 갖고 계속 자유롭게 표현하고 연구했어. 그 결과, 피카소는 입체주의라는 미술계의 새 분야를 개척하게 되었어.

너는 어땠어?

생각 쑥쑥

다음 모양을 보고 각각 연상되는 사물의 이름을 적어 보세요.

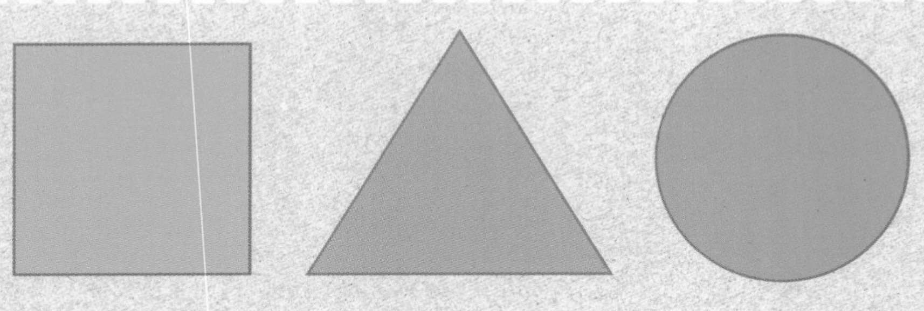

STEP 2

창의성 기르기

어떤 일에 자신감이 생기면, 그 일을 쉽게 생각하며 노력을 게을리하는 경우가 많아요. 하지만 피카소처럼 잘하는 분야에 더욱 관심을 갖고 꾸준한 노력을 기울인다면 놀라운 창의성을 기를 수 있게 되지요. 여러분은 어떤 일에 계속 노력을 기울이고 싶은지 생각해 보세요.

파블로 피카소는 그림을 그리고 연구하는 데 노력을 기울였어.

피카소는 이미 그림을 잘 그렸음에도 불구하고 늘 미술에 대한 관심으로 미술관을 다녔어. 에스파냐의 마드리드와 바르셀로나, 프랑스 파리를 오가며 벨라스케스와 고야, 고흐, 모네, 마네 등 위대한 화가들의 그림을 감상하는 것을 즐겼지.

에스파냐에는 다양한 문화가 융합되어 있어서 예로부터 뛰어난 예술가가 많았고, 프랑스 파리는 당시 문화와 예술의 중심지로 많은 미술관이 있었어. 그래서 피카소는 그 작품들을 통해 시대의 흐름을 읽어 내고 영감을 얻을 수 있었지.

피카소는 미술관에 전시된 그림을 그대로 따라 그리거나, 그림에서 본받을 점을 찾아내어 자기 그림에 응용하기도 했어. 이것은 그림을 연구하는 매우 효과적인 훈련 방법이었지. 피카소는 후에 이 작품들을 바탕으로 창의력을 발휘하여 자신만의 그림을 그려 내기도 했어.

너는 어떤 일에 계속 노력을 기울이고 싶어?

이것만은 꼭!

파블로 피카소를 떠올려 봐. 피카소는 자신의 천부적인 재능에 만족하지 않고 늘 새로운 것을 창조하고자 노력했고 움직였어. 심지어 죽기 전날 밤에도 붓을 들고 그림을 그렸어. 마지막 숨결처럼 떨리는 손에 붓을 쥐고, 있는 힘을 다해 그림을 그려 자신의 창의적인 생각을 후세에 전해 주었지. 아무리 뛰어나고 잘하는 것이 있더라도 늘 꾸준히 그 열정과 동기를 찾아야 해. 그렇게 하면 네 안에 있는 창의적인 생각을 끌어낼 수 있을 거야.

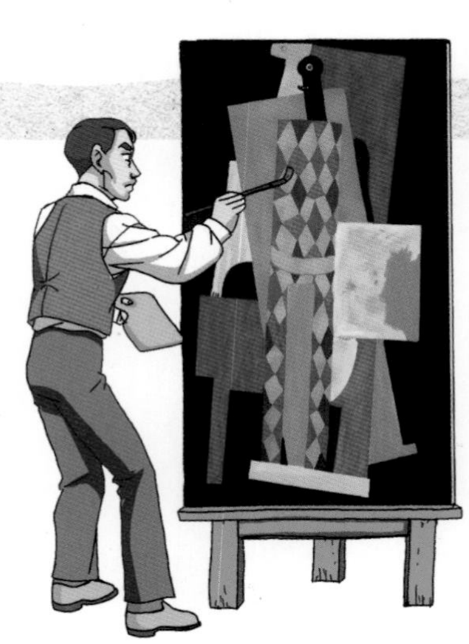

인류 역사상 가장 위대한 천재

레오나르도 다빈치

<모나리자>를 그린 레오나르도 다빈치는 당시 거장의 반열에 오른 화가였음에도 수없이 많은 연습을 통해 인간의 영혼까지 그려 내었습니다. 다음은 그림에 천부적인 재능을 보였던 다빈치의 어린 시절 일화입니다.

레오나르도 다빈치는 자연 속에서 세상을 배워 나갔습니다.
풀 모양이 참 신기하게 생겼네?
그러고 보니 우리 집에 있는 도자기에도 이런 문양이 있었는데.
그림으로 그려 둬야겠다.

그건 '빈치'라는 골풀이야. 우리 가문의 성인 다빈치도 그 풀 이름에서 유래되었단다.
아하!

빈치라는 지명과 성의 유래가 된 이 골풀 모양은 훗날 레오나르도 다빈치의 *문장이 되었습니다.
네게 공부를 가르쳐 주실 선생님이다! 인사드려라.

* **문장** 국가나 단체 또는 집안 따위를 나타내기 위하여 사용하는 상징적인 그림이나 문자

네가
레오나르도구나.
그림 그리기를
좋아한다지?

안녕하세요?
그래, 앞으로 잘해 보자.

레오나르도 다빈치는 가정 교사로부터
문학과 음악, 미술 등 여러 가지를 배웠습니다.
지혜와 전쟁의 여신인
아테나는 페르세우스가
가져온 메두사의 머리를
방패에 부착했어.
메두사는
머리카락이 온통
뱀으로 되어 있는
괴물인데…….

그러던 어느 날 마을의 소작농 한 사람이
레오나르도 다빈치의 집을 찾아왔습니다.
안녕하셨어요?
아저씨!

오랜만에 뵙네요.
바쁘다 보니
못 찾아뵈었네요.

실은 부탁할 것이 있어
찾아왔습니다.
무슨
부탁인데요?

아는 사람한테
방패를 선물 받았는데,
아무 문양이 없어
허전해서요.
그렇군요.

제가 한번 알아보겠습니다.

역시! 오길
잘했네요.
그럼 잘
부탁합니다.

야호!
수업 끝났다.

실력도 가늠해 볼 겸
우리 집 화가인
레오나르도에게
맡겨 보는 건
어때?

아버지는 마을 주민이 부탁한 방패의 그림을
레오나르도 다빈치에게 맡겼습니다.
레오나르도,
이 방패에 그림을
그릴 수 있겠니?
정말 제가
그림을
그려도 돼요?

지혜와 전쟁의
여신인 아테나는
페르세우스가 가져온
메두사의 머리를
방패에 부착했어.

그래, 바로 그거야!
삼촌, 뱀 좀 잡아 주세요!
될 수 있으면 많이요.
뱀은
뭐 하려고?

방패에 메두사를
그릴 거예요.

멋진걸?
그래, 알았다.

자, 뱀 여기 있다.
어디 마음껏
그려 보거라.
고마워요,
삼촌!

레오나르도 다빈치는 실감 나는 메두사를
그리기 위해 뱀을 유심히 관찰했습니다.
평소에는 천천히 움직이다 공격할 땐 순식간에 다가가는구나.

여러 마리의 뱀이 한곳에 엉켜 있을 땐 이런 모양을 하고 있었어.

좋아! 이제 메두사의 머리를 그릴 수 있겠어.

저렇게 신이 나서 몰두하는 모습은 처음 봐요.
그러게 말이다.

레오나르도 다빈치가 그린 메두사는 마치 살아 있는
듯했습니다. 방에 들어서다 그림을 본 아버지는
깜짝 놀라 넘어지고 말았습니다.

무슨 일이냐?
왜 그래?

저, 저기!

이건 메두사의
머리잖아.
정말 실감 나게
잘 그렸구나.
누구라도 깜짝
놀랄 수밖에
없겠어.

I. 조목조목 인물 탐험

레오나르도 다빈치에 관한 다음 글을 읽고 물음에 답하세요.

1452년 4월 15일, 이탈리아 토스카나 지방의 빈치 마을 근교에서 태어난 레오나르도 다빈치는 부모가 정식으로 결혼하지 않고 낳은 사생아였습니다. 그래서 다빈치는 어린 시절 할아버지와 할머니, 그리고 프란체스코 삼촌과 함께 살았지요. 하지만 그들의 사랑과 보호 속에 유복한 유년 시절을 보냈답니다.

다빈치는 어려서부터 다양한 분야에 관심이 있었는데요. 그가 얼마나 호기심이 많은 아이였는지는 다음 일화를 통해서도 잘 알 수 있습니다. 다빈치는 어느 날 길을 걷다 낯선 동굴을 발견했습니다. 크고 어두운 동굴 입구를 보면 안에 사나운 맹수가 살고 있을 것만 같아서 선뜻 동굴 안으로 발걸음이 내디뎌지지 않았어요. 하지만 다빈치는 동굴 안이 궁금해서 견딜 수가 없었고 두려운 마음을 안고 동굴 안으로 발걸음을 옮겼지요. 그리고 떨림과 호기심으로 동굴을 탐험했습니다.

그 후로도 다빈치는 궁금한 것이 있으면 그것에 대해 완전히 이해할 때까지 관찰과 탐구를 멈추지 않았습니다. 반드시 먼저 관찰하고 분석한 뒤에 그림을 그리기 시작했지요. 그래서 지랄디라는 작가는 레오나르도 다빈치에 대해 다음과 같은 글을 쓰기도 했습니다.

〈모나리자〉. 레오나르도 다빈치의 대표 작품입니다.

"이 위대한 화가는 인물을 그릴 때, 먼저 그 인물의 성격과 본성을 생각하고 헤아렸다. …… 모든 가능성을 하나씩 결정한 후 레오나르도는 비슷한 특징을 지닌 사람들이 모이는 장소를 찾아다니며 그들의 습관과 외모, 행동을 유심히 관찰했다."

다빈치는 호기심의 대상을 관찰하고 탐구한 뒤에는 그림이나 글로 꼼꼼하게 기록을 남겨 두었습니다.

이 밖에도 그는 시대를 초월하는 탁월한 상상력의 소유자였는데, 그 상상력은 바로 다빈치의 가장 중요한 성공 열쇠였습니다. 그의 노트에는 그 상상을 바탕으로 한 많은 메모와 그림이 가득했지요. 이를 바탕으로 그는 누구도 실제로 만들지 못한 복잡한 기계들을 발명해 내기도 했고, 동물이나 사람의 힘으로만 물건을 움직이던 시절에 증기의 힘으로 무거운 물체를 나르는 방법을 생각해 내기도 했습니다.

당시에 다빈치는 누구보다도 그림을 잘 그리는 화가였지만, 루도비코 궁전에 처음 들어갔을 때나 노년에 프랑수아 1세에게 초청을 받아 프랑스에 갔을 때는 화가로서 간 것이 아니었습니다. 기술자로서, 또 경험 많은 철학자로서 그곳에 간 것이었죠. 만약 다빈치가 그림에만 관심이 있었다면, 〈모나리자〉와 같은 작품은 탄생하지 못했을 수도 있습니다. 〈모나리자〉는 원근법과 지리적 정보, 인간에 대한 철학적 해석, 해부학을 통해 얻은 몸에 관한 지식, 그리고 모델에 대한 폭넓은 이해가 잘 녹아 있는 걸작이기 때문입니다.

훗날 다빈치는 〈모나리자〉뿐만 아니라 〈최후의 만찬〉 등 이름만으로도 경이로움을 주는 미술 작품을 남겼으며, 건축학과 해부학에서도 명성을 떨쳤습니다. 천재적인 미술가이자, 과학자이자, 기술자이자 사상가였던 레오나르도 다빈치는 천재라는 수식어로도 부족한 다재다능한 인물이었음에도 항상 완벽을 위해 노력을 아끼지 않았습니다. 오늘날에도 그런 그의 자세는 많은 사람들에게 본보기가 되고 있습니다.

1 **레오나르도 다빈치의 직업으로 알맞지 않은 것은 무엇인가요?**

① 미술가
② 과학자
③ 기술자
④ 요리사
⑤ 사상가

2 **레오나르도 다빈치에 대한 내용으로 알맞은 것은 무엇인가요?**

① 부모님이 정식으로 결혼하여 낳은 아이였다.
② 모나리자는 원근법을 바탕으로 만든 조각상이다.
③ 기록하는 것을 매우 싫어했다.
④ 건축학과 해부학 분야에서도 명성을 떨쳤다.
⑤ 그림 그리기에는 뛰어났지만 다른 분야에는 관심이 없었다.

3 **레오나르도 다빈치가 인생 목표를 달성할 수 있었던 이유로 알맞지 않은 것은 무엇인가요?**

① 다양한 분야에 관심을 가졌다.
② 호기심과 열정이 가득했다.
③ 부모님의 사랑을 듬뿍 받았다.
④ 관찰과 탐구를 멈추지 않았다.
⑤ 탁월한 상상력의 소유자였다.

▶ 정답: 211쪽

Ⅱ. '나'와 레오나르도 다빈치

STEP 1

상상력 발휘하기

레오나르도 다빈치는 그 당시에 있지도 않았던 것들을 상상하고 설계하기도 했습니다. 여러분도 레오나르도 다빈치처럼 상상력을 발휘했던 경험이 있는지 생각해 보세요.

레오나르도 다빈치는 이랬어.

레오나르도 다빈치의 대표적인 성공 열쇠로는 상상력과 창의성을 꼽을 수 있어. 그는 시대를 초월하는 탁월한 상상력과 아이디어의 소유자였지. 그의 노트는 상상을 바탕으로 한 메모와 그림으로 가득했는데, 놀라울 정도로 정교하고 훌륭한 내용들이었어.

또한, 레오나르도 다빈치는 누구도 실제로 만들지 못한 복잡한 기계들을 발명하기도 했어. 동물이나 사람의 힘으로만 물건을 움직이던 시절에 증기의 힘을 이용해 물건을 움직이는 방법을 새롭게 생각해 내기도 했지.

너는 어땠어?

생각 쑥쑥

다음 쌓기 도형을 보고, 물음표에 들어갈 숫자를 맞혀 보세요.

▶ 정답: 211쪽

STEP 2

창의성 기르기

어떤 일에 자신감이 생기면, 그 일을 쉽게 생각하며 노력을 하지 않게 되는 경우가 많지요. 하지만 다빈치처럼 잘하는 분야에 더욱 관심을 갖고 꾸준한 노력을 기울인다면 놀라운 창의성을 기를 수 있게 됩니다. 여러분은 어떤 일에 더 노력을 기울일 수 있는지 생각해 보세요.

레오나르도 다빈치는 더 많은 영감을 얻기 위해 노력했어.

레오나르도 다빈치는 보다 나은 그림의 재료를 얻기 위해 끊임없이 재료를 실험했으며, 항상 새로운 표현 기법을 연구했어. 또 하늘을 날기 위해 비행기구를 구상했고, 당시에는 금지되어 있던 인체를 해부하기도 했지. 이렇게 해서 얻어진 과학적 성과들은 매우 놀라웠어. 오늘날의 헬리콥터나 낙하산 같은 기구들을 설계했던 것은 물론, 잠수 기구, 자동차, 자전거, 장갑차 등을 기록해 두었으며, 인체 구조를 정확하게 그림으로 남기기도 했으니까. 이렇듯 레오나르도 다빈치의 호기심은 그에게 예술적 영감을 불어 넣었고, 폭넓게 창작하는 힘이 되었으며, 온갖 과학적 상상을 할 수 있는 원동력이 되었어.

너는 어떤 일에 노력을 기울일 거야?

이것만은 꼭!

레오나르도 다빈치를 떠올려 봐. 레오나르도 다빈치는 예술에서부터 인체와 과학, 천문학에 이르기까지 모든 지식을 두루 갖춘 진정한 천재였어. 그가 남긴 7,000여 쪽에 이르는 수기 노트에는 그림과 발명, 해부학, 건축, 전쟁 무기, 생물학, 심지어 잠수 기구와 자동차, 로봇 등을 주제로 연구한 내용도 기록되어 있어. 타고난 천재였지만 끊임없이 상상하고 기록하는 노력이 대단했지. 너도 항상 무언가를 상상하고 다른 방식으로 생각하면서 기록하거나 스케치해 보는 것은 어때? 그러다 보면 네 안에 있는 새롭고 창의적인 생각을 끌어낼 수 있을 거야.

상대성 이론을 창시한 과학자

알베르트 아인슈타인

학창 시절 아인슈타인은 암기보다는 원리를 이해하는 방식의 공부를 좋아했습니다. 그래서 자신이 좋아하는 수학과 과학 과목을 깊이 파고들었고, 그 결과 상대성 이론을 탄생시켜 인류의 발전에 기여하게 됩니다. 다음은 세상을 창의적으로 바라보며 궁금한 것을 끊임없이 탐구했던 아인슈타인의 어린 시절 이야기입니다.

나침반을 선물 받은 아인슈타인은 바늘이 늘 같은 방향을 가리키는 것을 보고 눈을 떼지 못했습니다.

대체 바늘을 잡아당기고 있는 이 힘의 정체는 뭘까?

이때부터 아인슈타인은 보이지 않는 힘에 대해 궁금해하기 시작했습니다. 아인슈타인에게 나침반은 인생의 중요한 전환점이 되었습니다.

삼촌, 나침반의 바늘은 왜 항상 북쪽을 가리켜요? 너무 궁금해요.
지구의 자력선이 나침반의 자석을 잡아당기고 있기 때문이야.
자력선이 뭔데요?

자석의 극과 극 사이에 작용하는 힘을 자력선이라고 해. 지구는 커다란 자석과 같아서 그런 힘이 존재하지.
눈에 보이지도 않는데 자력선이 있다는 건 어떻게 알아요?
어이구! 누가 전기 공장 사장 아들 아니랄까 봐 궁금한 게 많기도 하구나.

여기를 봐.
뭔데요?

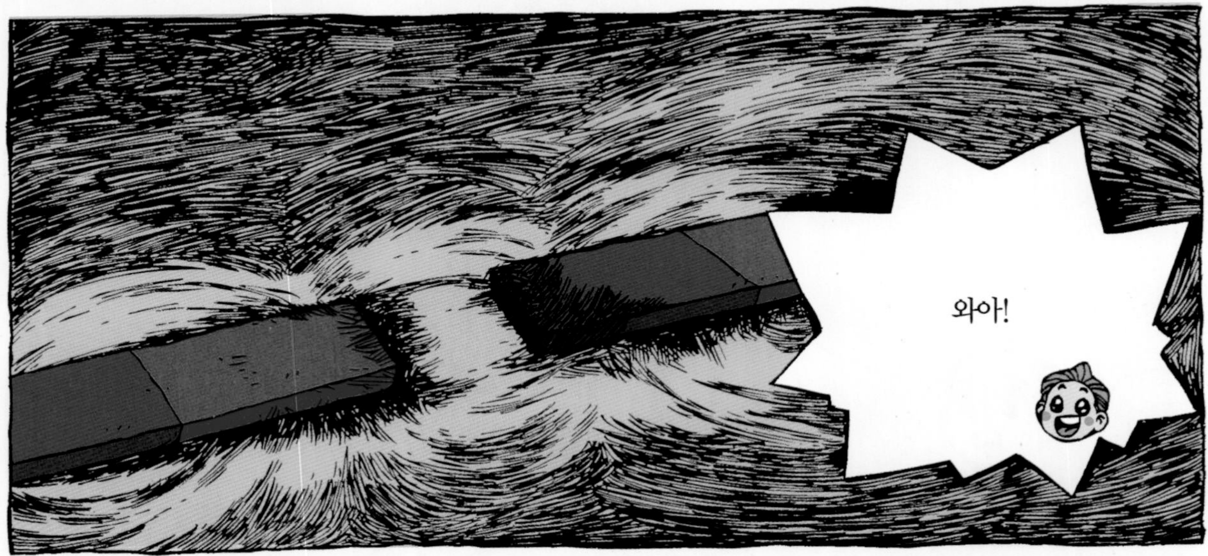
와아!

어때? 이제 자석 주변에
흐르는 힘이
보이지?
정말 신기해요!

나침반이나 자석 주변에는
보이지 않는 힘이 있구나.

그 후 진학 준비를 하던 무렵, 아인슈타인은 자신의 운명을 결정짓게 될 빛에 대해 관심을 갖기 시작했습니다.

어?

뭘 만졌기에 전기가 나간 거야?
모르겠어요. 실수로 선 하나를 건드린 것 같은데…….

비켜 봐!

화아

와아! 순식간에 주위가 환해졌어요. 정말 신기하네요.

빛이란 게 원래
빠르잖니?
새삼스럽긴.
세상에 빛보다
더 빠른 건 없어.
흠, 그래요?
그럼 빛의 속도는
얼마나 될까요?
대략 1초에 30만 킬로미터
정도를 간다고 알고 있어.
와, 정말 빠르긴
빠르네요.
아!
그런데 삼촌.
빛을 타고 빛과 같은 속도로
달리면 세상은 어떻게
보일까요?

그런 걸 어떻게 알아?
멀미나 나지 않으면
다행이지.
픕!
제 생각에는 빛과 같은 속도로
달리면 아무것도 볼 수
없을 것 같아요.
빛이 반사되어야 물체를 볼 수 있는데,
빛과 같은 속도로 달리면 빛이 반사되어
돌아올 시간이 없잖아요.
그렇게 되나?
야! 골치 아파 안 되겠다.
빛에 관한 거라면 저쪽에
책이 있으니까
가서 봐.
책이 있었어요?
와! 정말 많구나.

알베르트 아인슈타인에 관한 다음 글을 읽고 물음에 답하세요.

아인슈타인은 현대 물리학의 기초를 다진 이론 물리학자입니다.

알베르트 아인슈타인은 1879년 3월 14일, 독일 남부 울름에서 태어났습니다. 부모님은 아인슈타인이 유달리 머리가 큰 데다 말을 거의 하지 않아 장애가 있는 것은 아닐까 걱정했습니다. 하지만 2년 후, 여동생 마리아가 태어날 때쯤 아인슈타인의 말문이 트였고, 그제야 부모님은 걱정을 덜 수 있었습니다.

아인슈타인은 어린 시절 학교 성적이 좋지 못했습니다. 특히 암기 과목은 아인슈타인의 흥미를 전혀 끌지 못했지요. 아인슈타인은 지식을 외우기보다는 원리를 이해하고 싶었고, 강압적인 교육방식보다는 자유롭게 토론하는 교육을 좋아했습니다. 그래서 아인슈타인은 자신이 좋아하는 수학과 과학 과목을 깊이 파고들었습니다. 이는 아인슈타인이 20세기 가장 위대한 과학자로 성장하는 원동력이 되었죠. 만약 아인슈타인이 성적을 위해 암기 과목에 매달렸다면 그는 그저 평범한 우등생이 되었을지도 모릅니다.

사실 어릴 적부터 아인슈타인은 좋아하는 일에 굉장한 집중력을 발휘했습니다. 좋아하는 놀이를 할 때면 옆에서 꽃병을 떨어뜨려도 모를 정도였지요. 이렇게 굉장한 집중력은 그가 과학자로서 실험이나 연구에 몰두할 때 큰 도움이 되었습니다. 실제로 이런 집중력을 바탕으로 아인슈타인은 열여섯 살 무렵부터 '사고 실험'을 했습니다. 사고 실험이란 실험실에서 할 수 없는 실험을 상상 속에서 해 보는 것인데, 아인슈타인의 일반 상대성 이론 역시 사고 실험을 통해 탄생했습니다. 아인슈타인은 일반 상대성 이론에 관한 사고 실험을 '인생에서 가장 행복했던 생각'이라고 할 정도로 좋아했습니다. 이러한 사고 실험으로 훗날 아인슈타인은 창조적 능력이 뛰어난 천재 과학자로 불리게 되었습니다.

한편, 아인슈타인의 특수 상대성 이론은 빛과 속도의 관계를 연구하던 중에 발견되었는데요. 아인슈타인은 빛이 입자의 성질을 가지며 매질(물리적 작용을 한 곳에서 다른 곳으로 옮겨 주는 매개물)을 필요로 하지 않는다고 생각했습니다. 따라서 빛은 어떤 것에도 방해받지 않고 절대적인 속도로 운동할 수 있다는 것을

밝혀냈지요. 이 발견은 특수 상대성 이론의 기초가 되었습니다. 빛의 속도는 절대적이며 변하지 않기 때문에 상대적으로 느껴지는 것은 시간이라는 것도 밝혀냈습니다. 이렇게 아인슈타인은 일생 동안 우주의 비밀을 찾는 일에 매달렸습니다. 그러면서도 진리를 추구하고 평화를 사랑하는 순수한 과학적 열정으로 인류를 위해 수많은 논문을 발표했으며, 과학자로서 양심을 저버리지 않는 평화주의자의 면모를 보여 주기도 했습니다. 그의 이러한 삶은 자연과 인간에 대한 애정이 얼마나 큰일을 해낼 수 있는지, 어떻게 사는 것이 올바른 인간의 길인지를 보여 주었습니다.

1 **아인슈타인의 직업은 무엇인가요?**

① 선생님
② 과학자
③ 미술가
④ 발레리노
⑤ 피아니스트

2 **아인슈타인에 대한 설명으로 옳은 것은 무엇인가요?**

① 특수 상대성 이론을 발표했다.
② 프랑스 남부에서 태어났다.
③ 수학과 과학을 싫어했다.
④ 빛의 속도는 상황에 따라 변한다고 생각했다.
⑤ 때에 따라 양심을 저버리는 행동을 했다.

3 **아인슈타인이 자신의 인생 목표를 달성할 수 있었던 이유로 알맞지 않은 것은 무엇인가요?**

① 지식을 외우기보다는 원리를 이해했다.
② 굉장한 집중력을 발휘했다.
③ 무한한 상상력을 발휘했다.
④ 자신이 좋아하는 일을 했다.
⑤ 암기 과목에 대한 우수성을 깨달았다.

▶ 정답: 211쪽

Ⅱ. '나'와 알베르트 아인슈타인

STEP 1

창의성 발휘하기

세상을 창의적으로 바라보고, 알고 싶은 것과 해내고 싶은 것에 끈기 있게 몰입한다면 누구나 창의성을 발휘할 수 있습니다. 거창하지 않아도 돼요. 작은 것부터 시작하면 됩니다. 여러분은 어떤 문제를 볼 때 창의적인 생각이 드는지 떠올려 보세요.

알베르트 아인슈타인은 이랬어.

아인슈타인은 빛의 속도로 달릴 때 자신의 모습을 거울에 비추어 보면 어떻게 보일지 궁금했어. 일단, 이런 궁금증 자체가 남들은 궁금해하지 않는 창의적인 궁금증이었지. 그는 이 궁금증을 해소하기 위해 실제로 실험을 할 수 없었기 때문에 생각을 통해서 사고 실험을 펼쳤고, 빛의 속도로 달리고 있다면 거울을 통해 자신의 모습을 볼 수 없다는 결론을 내렸어. 모든 것이 빛의 속도로 달린다면, 빛은 얼굴을 떠날 수 없으므로 그 빛이 거울에 도달할 수도 없다는 것이 그 이론이었지. 아인슈타인의 일반 상대성 이론도 이렇게 사고 실험을 통해 탄생했어.

너는 어땠어?

생각 쑥쑥

가로줄과 세로줄에 각각 숫자 '1, 2, 3'이 하나씩 들어가도록 빈칸에 알맞은 숫자를 써 보세요.

1		3
2	3	
3		

▶ 정답: 211쪽

STEP 2

창의성 기르기

창의성을 기르기 위해선 하던 일을 항상 그대로 하지 말고, 이 일은 왜 하는지, 어떻게 하면 더 효율적으로 할 수 있는지를 생각해 보세요. 그렇게 하면 잘하는 분야는 더욱 잘하게 되어 어느 순간 놀라운 창의성이 나오게 될 거예요. 여러분은 잘하는 일을 더 잘하기 위해 노력한 적이 있나요?

알베르트 아인슈타인은 자신만의 방식으로 과학을 연구하고 증명하려고 노력했어.

아인슈타인의 특수 상대성 이론은 빛과 속도의 관계를 연구하던 중에 발견됐어. 아인슈타인 이전에도 많은 과학자들이 빛의 성질을 밝혀내려 했고, 당시 대부분의 과학자들은 빛을 파동이라고 생각했지. 하지만 아인슈타인은 빛을 절대적, 시간을 상대적이라고 생각했어.

아인슈타인은 빛이 입자 성질을 갖고 있는데다 매질을 필요로 하지 않아서 어떤 방해도 받지 않고 절대적인 속도로 운동할 수 있다고 믿었어. 그리고 이러한 발견은 특수 상대성 이론의 기초가 됐지. 아인슈타인은 다른 과학자들의 생각도 중요하게 여겼지만, 이렇게 자신만의 방식으로 항상 생각하고 증명하려고 노력했어.

너는 어떤 노력을 했어?

이것만은 꼭!

아인슈타인을 떠올려 봐. 아인슈타인은 기존의 과학자들의 연구를 그대로 믿기보다는 항상 다시 생각하고, 창의적으로 해결하면서 지식을 넓혀 갔어. 아인슈타인은 평생을 빛에 관해 연구하며 많은 논문을 발표했지. 그 결과, 시간과 공간, 우주에 대한 인류의 생각을 통째로 바꾸어 놓았어. 너도 아인슈타인처럼 늘 꾸준히 생각하며 새로운 방법을 찾다 보면 네 안에 잠재된 창의성을 발휘하게 될 거야.

사람의 마음을 헤아리는 건축가

안토니 가우디

안토니 가우디는 20세기 최고의 건축가로서 사그라다 파밀리아, 카사 밀라, 구엘 공원과 같은 세기의 건축물들을 설계했습니다. 지금도 가우디가 남긴 건축물들을 보기 위해 세계 각국의 수많은 관광객들이 에스파냐 바르셀로나를 찾고 있습니다. 다음은 남다른 관점으로 사물을 바라보았던 가우디의 어린 시절 이야기입니다.

어린 시절 가우디는 몸이 아파 혼자서 보내는 시간이 많았습니다. 그러면서 이것저것 유심히 보는 습관이 생겼습니다.

어! 닭의 날개가 달릴 때와 가만히 있을 때가 다르네!

가우디는 마을 주변의 동식물, 바위, 산 등을 관찰했습니다. 일찍부터 아름답고 변화무쌍한 대자연의 세계에 눈을 뜨게 된 것입니다.

어! 이건 뱀이
허물을 벗은 거잖아?

아프지 않았을까?
새 옷으로
갈아입는 거라서
전혀 아프지 않아.

안토니,
거기서
뭐 하니?
엄마! 여기에
뱀의 허물이
있어요.

뭐? 그런
징그러운 것을
왜 보고 있니?

엄마, 뱀은
참 멋져요!
뭐라고?
뱀이 멋있어?

뱀은 몸이 커지면 입던 옷을 벗어 버리고
새 옷으로 갈아입잖아요. 그래서 늘 화려한 무늬가 있는
멋진 옷을 입고 있어요.

아이들은 뱀을 보면
소스라치게 놀라는데,
안토니는 생각하는 게
다른 아이들과
많이 다르구나.

엄마, 사람뿐 아니라
동물들에게도 집이
필요한 거죠?
그건 또
무슨 말이니?

개미가 땅속에 굴을 파고 집을 만드는 걸 봤어요.
거미가 풀잎 사이로 거미줄을 치는 것도
보았고요. 그리고 새가 나뭇가지 위에
둥우리를 만드는 것도 봤어요.

아직 어린데도 정말 대단한
관찰력이구나!

이후 학교에 입학한 가우디는
관절염이 심해 걷기가 힘들었습니다.
아버지는 가우디를 나귀 등에 태워
학교까지 데려다주곤 했습니다.

아빠, 눈에 보이는 풍경이 걸어 다닐 때와는 다르게 보여요.

하하, 나귀의 등이 높으니 저멀리에 있는 나무도 산도 색다르게 보이는 모양이구나.
네. 들판을 가로질러 흐르는 강물도 훨씬 잘 보여요.

하늘에 둥실 떠다니는 구름도 손에 잡힐 듯 가까워 보여요.

모두 안녕?

그러고 보니 이 세상엔
어느 것 하나 똑같은 것이
없는 것 같아요.
자연은 참 신기해요.

안토니, 저기 보이는
산에 대해 알고 있니?

바위들이 둥글둥글
솟아 있는 저 거대한 산
말이지요?

그래,
저 몬세라트산은
우리 카탈루냐의
상징이란다.

아~ 바로
저 산이었군요.

우리 카탈루냐 사람들은
모두 일생에 한 번은 꼭
저 산의 꼭대기에 오르지.
검은 얼굴의 성모상이
있는 성당이
있기 때문이야.

우아! 저렇게 높은 산꼭대기에
성당이 있어요?
너도 이다음에
꼭 한번 가 보아라.

그런데 몬세라트산의
저 수많은 바위들의 이름은
뭐예요? 저기 저 박쥐처럼 생긴
바위는 제가 박쥐 바위라고
이름을 붙였어요.
오호! 네 말을 듣고 보니
정말 박쥐처럼 생겼구나.
박쥐는 카탈루냐를 지키는
파수꾼이자 수호신이기도
하단다.

안토니 가우디는 종종 강가에서 모래성을 쌓으며 놀았습니다.
모래로 성을 쌓는 것이 쉬운 일은 아니었습니다. 가우디는
여러 번 모래성이 무너지고 나서야 적절한 물의 양을 알아낼
수 있었습니다. 저녁 무렵이면 강가에 산봉우리를 닮은
모래성들이 줄지어 세워졌습니다.

안토니 가우디에 관한 다음 글을 읽고 물음에 답하세요.

안토니 가우디는 1852년 6월 25일, 에스파냐 카탈루냐에서 태어났습니다. 가우디는 자라면서 잔병치레가 끊이질 않았고, 부모님은 그런 가우디를 극진히 돌보았습니다. 하지만 가우디는 몸이 아파 친구들과 놀기보다는 혼자서 보내는 시간이 많았습니다. 그러면서 이것저것 유심히 보는 습관이 생겼고, 관찰력과 상상력이 뛰어나게 되었습니다. 가우디는 개미가 땅속에 굴을 파고 집을 만드는 모습, 거미가 풀잎 사이로 거미줄을 치는 모습, 새가 높은 나뭇가지 위에 둥지를 만드는 모습 등을 유심히 보았습니다. 보통의 아이들이라면 보자마자 겁을 먹고 달아났을 뱀의 허물까지도 세밀하게 관찰했지요. 그러면서 아름답고 변화무쌍한 대자연의 세계에 눈을 뜨게 되었습니다. 이런 가우디의 남다른 관찰력은 그에게 자연과 건축물을 바라보는 독특한 눈을 갖게 해 주었습니다.

혼자 보내는 시간이 많았던 가우디는 어릴 때부터 아버지가 일하는 대장간에서 시간을 보내는 것을 좋아했습니다. 얇은 금속이 아버지의 손에서 오목하고 예쁜 그릇과 솥으로 만들어지는 모습은 가우디에게 마냥 신기하고 재미있는 일이었죠. 그래서 가우디는 아버지를 졸라 빨갛게 달아오른 쇠붙이를 쇠망치로 두드려 보기도 했습니다. 이러한 경험은 훗날 가우디가 빼어난 공예 기술을 익히는 데 큰 도움이 되었답니다.

1869년, 가우디는 바르셀로나에 있는 건축 학교에 입학했습니다. 가우디는 틀에 박힌 딱딱한 규범보다는 자신의 감성적인 느낌을 중요하게 생각하며, 사람의 마음을 헤아리는 건축가가 되고 싶었습니다. 하지만 가우디는 워낙 독창적인 건축 세계관을 지닌 탓에 학창 시절에는 제대로 인정을 받지 못했습니다.

이후 건축가가 된 가우디는 현장에서 일하는 일꾼들에게 설계도만 주고 진척 상황만 둘러보던 다른 건축가들과는 달랐습니다. 그는 거북이 조각상이 어떻게 기둥을 받치고 있어야 하는지, 야자수는 어떻게 입구의 모양을 이루어야 하는지, 독특한 건축물을 장식할 모자이크 타일을 어떻게 만들어야 하는지를 능숙하게 설명할 수 있었습니다. 당시에 가우디만큼 건축 현장에서 여러 가지 일을 할 줄 아는 건축가는 없었습니

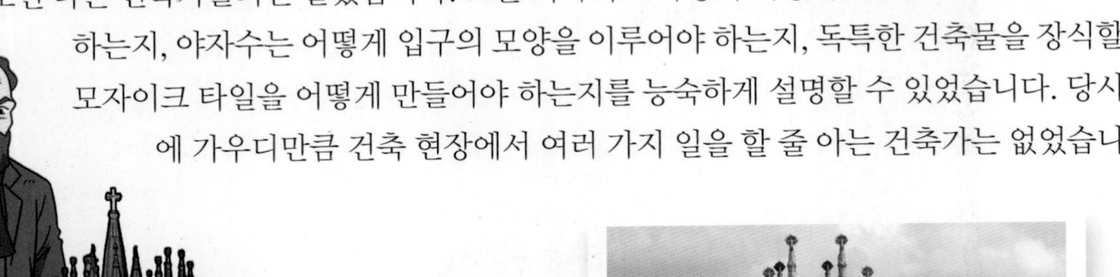

파밀리아 성당은 안토니 가우디의 대표적인 건축물입니다.

다. 가우디는 어린 시절 꿈꾸었던 자연을 닮은 건물을 짓는 데 인생을 걸었습니다. 자연과 사람과 건물이 어울리는 세상을 만들고 싶었기 때문이었죠. 이러한 애착과 열정은 가우디가 사그라다 파밀리아, 카사밀라, 구엘 공원 같은 세기의 건축물들을 설계하게 했고, 그를 20세기 최고의 건축가로 만들어 주었습니다.

구엘 공원의 아름다운 모자이크

1926년 6월 10일, 가우디는 자신이 평생 꿈꾸었던 자연으로 돌아갔지만, 지금도 세계 각국의 수많은 사람들은 가우디가 남긴 건축물을 보기 위해 에스파냐의 바르셀로나로 모여들고 있습니다.

1 **안토니 가우디의 직업은 무엇인가요?**

① 성우
② 건축가
③ 오페라 가수
④ 의사
⑤ 판사

2 **안토니 가우디에 대한 설명으로 옳은 것은 무엇인가요?**

① 자연과 사람, 건물이 어울리는 세상을 만들기 위해 노력했다.
② 프랑스의 시골 마을에서 태어났다.
③ 거미와 개미를 무서워해서 멀리했다.
④ 설계에 대한 지식은 뛰어났으나 다른 건축 지식은 부족했다.
⑤ 가정 형편이 어려워 건축 학교에는 다니지 못했다.

3 **안토니 가우디가 자신의 인생 목표를 달성할 수 있었던 이유로 알맞지 않은 것은 무엇인가요?**

① 뛰어난 공예 기술
② 뛰어난 관찰력과 풍부한 상상력
③ 건축의 여러 분야에 대한 지식과 전문성
④ 현장의 일은 일꾼들을 믿고 무조건 맡기는 자세
⑤ 딱딱한 규범보다는 자신만의 느낌을 중시하는 생각

▶ 정답: 212쪽

Ⅱ. '나'와 안토니 가우디

STEP 1 창의적으로 생각하기

가우디는 남들과는 다른 관점으로 사물과 현상을 바라보고 표현할 수 있었기에 세기의 건축가로 남게 되었습니다. 여러분도 가우디처럼 남의 시선을 의식하지 않고 어떤 일을 자신만의 방식으로 생각한 적이 있나요?

안토니 가우디는 이랬어.

가우디는 바르셀로나에 있는 건축 학교에 입학했지만 진부한 건축 양식만을 가르치는 학교 수업에 흥미를 느끼지 못했지. 가우디는 틀에 박힌 딱딱한 규범보다는 자신의 감성적인 느낌을 중요하게 생각했고, 사람의 마음을 헤아리는 건축가가 되고 싶었어. 이런 가우디의 독창적인 생각은 학교 안에서 종종 논란이 되곤 했지.

학장은 간신히 학교를 졸업하게 된 가우디를 보고 "우리가 지금 천재에게 졸업장을 주는 것인지, 바보에게 주는 것인지 모르겠다."라고 말하기도 했대. 그러나 가우디의 건축에 대한 남다른 철학은 훗날 그를 훌륭한 건축가의 길로 이끌었어.

너는 어땠어?

생각 쑥쑥

가로와 세로 각 줄에 '사과, 감, 바나나, 수박'이 겹치지 않게 빈칸에 알맞은 과일을 그려 보세요.

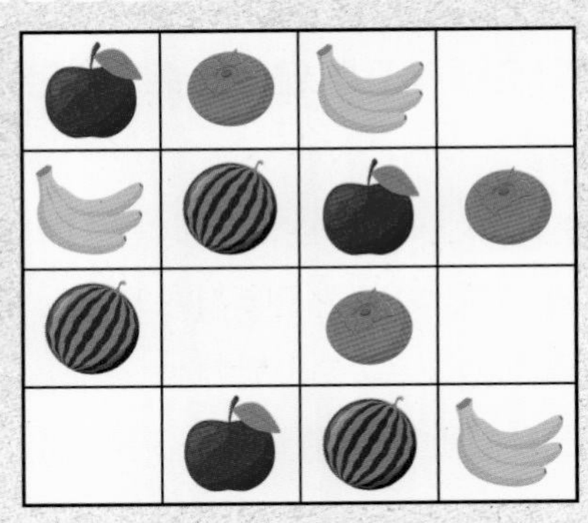

▶ 정답: 212쪽

STEP 2

창의성 기르기

가우디는 하고 싶은 일에 관심이 많았을 뿐만 아니라 그 일을 잘하기 위해 꾸준히 노력했습니다. 그 결과 뛰어난 창의성을 바탕으로 놀라운 건축물들을 만들어 냈죠. 여러분도 가우디처럼 관심을 갖고 끊임없이 노력해 보고 싶은 일이 있는지 생각해 보세요.

안토니 가우디는 건축물에 관심이 많았어.

가우디는 현장에서 일하는 일꾼들에게 설계도만 주고 진척 상황만 둘러보는 다른 건축가들과는 달랐어. 가우디 정도의 건축가라면 현장에 나가 보지 않아도 됐지만 그는 항상 확인하고 문제가 생기면 창의적인 방법으로 해결했지. 그는 다양한 건축 작업 방식을 능숙하게 설명할 수 있었어. 당시에 가우디만큼 건축 현장에서 여러 가지 일을 할 줄 아는 건축가는 없었지. 가우디는 자신이 설계한 건축물의 내부 장식과 가구 디자인에도 직접 참여하곤 했어. 건축물의 외부와 내부는 별개가 아니라 서로 연결되어 있다고 생각했기 때문에 가우디는 다른 건축가들이 별로 신경 쓰지 않는 건축물의 내부에도 자신의 독창성을 담으려고 노력했던 거야. 그 결과, 가우디는 뛰어난 세기의 건축물을 많이 남기게 되었지.

너는 어떤 일에 관심이 있어?

이것만은 꼭!

안토니 가우디를 떠올려 봐. 인간의 뼈와 힘줄 구조가 신의 작품이라고 생각한 가우디는 서로 연결되어 있는 곡선 구조를 건물 곳곳에 응용했어. 그래서 가우디의 건물들은 섬세한 장식과 뛰어난 색감으로 매우 독특한 분위기를 풍기고 있지. 너도 다른 사람들과 다르게 생각하고 표현하기 위해서는 항상 주변에 관심을 가지고 세심하게 관찰해야 해.
그러다 보면 다르게 보이는 부분이 생기게 될 거야. 그럼, 지금부터 주변을 유심히 한번 살펴볼까?

감 성

몬테소리 교육법의 창시자

마리아 몬테소리

마리아 몬테소리는 이탈리아 최초의 여자 의사로서 정신과에서 어린 환자들을 돌보다가 교육으로 아이들이 바뀔 수 있다는 사실을 깨닫고, 몬테소리 교육법을 탄생시켰습니다. 다음은 몬테소리가 자신만의 길을 개척하는 계기가 된 학창 시절의 한 수업 시간 일화입니다.

머릿속에 떠오르는
여성 위인이 있으면
자유롭게 말해 보렴.

그래, 영국의
엘리자베스 여왕도 있고!
우리나라의
마르게리타
여왕님도 계셔.

모두 잘 이야기해 주었어. 그렇게 수많은 여성 위인 중에 오늘 선생님이 알려 주고 싶은 인물은 '교회의 박사'라 불리는 시에나의 카타리나라는 여성이란다.
시에나의 카타리나는 가난하고 몸이 아픈 사람을 위해 평생을 바친 사람이야.
카타리나는 좋은 집안에서 태어나 부족한 것이 없이 자랐단다.

하지만 카타리나는
부모님의 바람과 달리
자신이 하고 싶은 일을
찾아 나섰어.

그래서 열여섯 살이 되던 해에 수도원으로
들어가 간호사가 되었단다.

그곳에서 암이나
전염병에 시달리는
환자들을 정성을 다해
돌보고,

사치스럽게 살고 있던
성직자들의 재산을 빼앗아
가난한 사람들에게 나눠 주었지.

힘없는 사람들을 위해 봉사한 카타리나는
서른세 살의 젊은 나이로 안타깝게
세상을 떠났단다.

여자라서 할 수 없는 일은 없어. 선생님은 너희가 큰 꿈을 가져서 꼭 훌륭한 사람이 되었으면 좋겠구나.

마리아는 선생님이 들려주신 시에나의 카타리나 이야기를 듣고 감동을 받았습니다.

선생님!

그래, 마리아. 무슨 일이니?

CHAPTER 6 감성

저도 커서 그렇게 좋은 일을
할 수 있을까요?
물론이지.
그런데 저희 아빠는
여자가 할 수 있는
일은 많지 않다고
하셨어요.
아직은 그렇지만 네가
어른이 되면 여자도 원하는
일은 무엇이든 할 수
있게 될 거야.
정말 그럴까요?

꿈에는 제한이 없어.
선생님은 마리아가 무엇을
꿈꾸든 언제나
응원할 거란다.
아…….
우리 마리아라면 반드시
꿈을 이룰 수 있을 거야.
마리아는 선생님의 격려와
칭찬의 말을 듣고 자신감을
가졌습니다.

그날 이후로 마리아는 어른이 되어
어떤 일을 하면서 살 것인지
많은 생각을 하게 되었습니다.

I. 조목조목 인물 탐험

마리아 몬테소리에 관한 다음 글을 읽고 물음에 답하세요.

마리아 몬테소리는 양성평등의 열렬한 옹호자, 이탈리아 최초의 여자 의사, 과학자, 교사, 평화주의자로 알려졌습니다. 그러나 무엇보다도 아동 발달과 교육 방법에 대한 독창적 이론가로 가장 유명합니다.

몬테소리는 부유한 가정에서 외동딸로 성장했습니다. 그녀의 아버지는 딸이 보수적인 당시 사회에 맞춰 다른 여성들과 비슷한 삶을 살기를 바랐지만, 어머니는 총명한 딸이 공부를 계속해서 자기 길을 개척하는 것을 응원했지요. 그래서 몬테소리는 교사가 되길 바라는 아버지의 뜻을 거스르고 의사가 되고자 했습니다. 몬테소리가 태어난 1870년 이탈리아는 사회의 중요한 분야에서 남자가 여자보다 능력이 있다고 믿던 시대였고, 당시 여학생의 의대 입학은 금지되어 있었는데도 말입니다.

하지만 몬테소리는 많은 시련을 딛고 사회의 편견을 극복했습니다. 그녀는 로마대학 의과대학을 졸업한 최초의 여성이자 이탈리아 최초의 여자 의사가 되었습니다. 의사가 된 몬테소리는 병원에서 지적 장애를 가진 어린 환자들의 모습을 보며 가슴이 아팠습니다. 병원의 아이들은 모두 정상적인 성인으로 자라날 가능성이 있고, 슬픔과 아픔을 느끼는 소중한 생명이었는데도 단지 발달 속도가 느린 것 때문에 편견으로 소외를 당하고 있었습니다. 몬테소리는 장애를 가진 아이들이 사회에 위협을 주는 사람이나 범죄인처럼 취급받는 것을 보며, 그러한 편견을 바로잡기 위해 적극적으로 활동했습니다. 그리고 여러 해 동안 지적 장애아들을 위해 일하면서 그들에게 알맞은 교육 방법을 연구했습니다. 그 결과, 몬테소리는 그 분야에서 대단한 업적을 이루었지요. 몬테소리가 돌본 몇몇 지적 장애아들이 읽기와 쓰기 시험에서 평균 이상의 점수를 받아서 모두를 놀라게 하기도 했습니다.

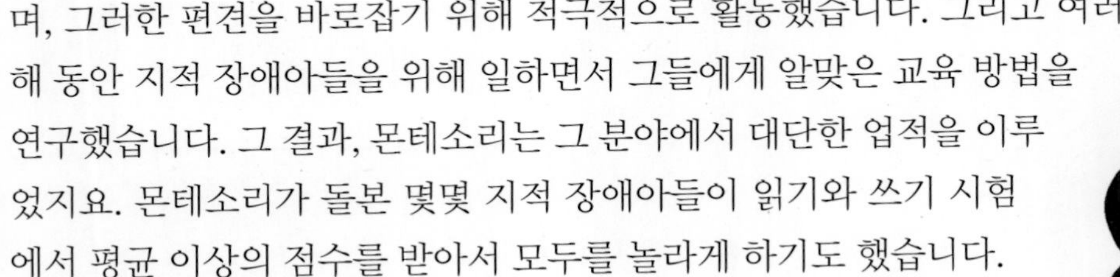

이렇게 장애아를 돌보고 어린이집을 운영한 경험은 평생 몬테소리가 어린이를 위해 일하게 된 계기가 되었습니다. 어린이들과 생활하면서 몬테소리는 어린이들의 잠재력을 발견하는 여러 가지 교육법을 개발하였고, 그것들은 모두 어린이들에게 좋은 영향을 미쳤습니다. 그녀는 어린이를 하나의 인격체로 생각하고, 그들의 숨겨진 가능성을 발견하기 위해 평

생 노력했습니다. 그러면서 몬테소리는 자신의 교육법에 대해서 다음과 같은 말을 남겼습니다.

"나는 어린이가 표현하는 것을 받아들였습니다. 그것이 바로 몬테소리 교육법입니다."

이러한 몬테소리 교육 철학은 오늘날까지 많은 어린이들에게 훌륭한 영향을 주고 있습니다.

어린이와 수업을 하고 있는 마리아 몬테소리

1 **마리아 몬테소리의 직업이 <u>아닌</u> 것은 무엇인가요?**

① 교사
② 의사
③ 군인
④ 과학자
⑤ 평화주의자

2 **마리아 몬테소리가 겪은 시련으로 알맞은 것은 무엇인가요?**

① 부모님을 일찍 여의었다.
② 경제적으로 궁핍한 가정에서 자랐다.
③ 여자가 교사가 되는 것을 금지하던 사회였다.
④ 여자가 의대에 입학하는 것을 금지하던 사회였다.
⑤ 여자 의사들은 지적 장애아동만을 돌봐야 했다.

3 **마리아 몬테소리가 자신의 꿈을 이룰 수 있었던 이유로 가장 알맞은 것은 무엇인가요?**

① 아버지의 헌신
② 친구 클라라의 지원
③ 사회적 편견에 대한 수용
④ 여성 정치가로서 입문
⑤ 사회적 약자들에 대한 공감

▶ 정답: 212쪽

STEP 1

감성 이해하기

감성이 풍부한 사람은 다른 사람의 마음을 이해하는 공감 능력이 뛰어납니다. 또한, 생각하고 행동하는 데 감정 정보를 이용하는 능력인 정서 지능도 높습니다. 몬테소리는 풍부한 감성을 바탕으로 어려운 아이들을 도울 수 있었지요. 여러분도 몬테소리처럼 약자를 도운 적이 있는지 생각해 보세요.

마리아 몬테소리는 이랬어.

몬테소리의 어린 시절 친구 중에 클라라라는 친구가 있었어. 클라라는 척추 장애를 가진 친구였지만, 몬테소리는 이를 신경 쓰지 않고 차별 없이 지내면서 어른이 되어서도 클라라와의 우정을 이어 나갔지. 심지어 어릴 때에는 동네 아주머니들이 장애인 친구와 사귀는 몬테소리를 곱지 않은 시선으로 보면서 흉보고 조롱하는 일도 있었는데 말이야.

몬테소리의 어머니 역시 딸이 이런 일을 겪는 것에 불안함을 느껴 걱정이 많았어. 그러나 몬테소리는 남들이 놀리는 것에 신경 쓰지 않았고, 오히려 클라라가 상처를 받거나 슬퍼할까 봐 걱정하며 클라라와 계속 친하게 지냈어.

너는 어땠어?

생각 쑥쑥

다음 친구에게는 어떤 도움이 필요할까요?

STEP 2

공감 능력 기르기

감정을 바르게 이해하고 공감하는 것은 매우 중요한 능력입니다. 몬테소리는 탁월한 공감 능력 덕분에 몬테소리 교육을 창시할 수 있었습니다. 여러분도 몬테소리처럼 다른 사람의 마음을 읽고 공감해 본 적이 있는지 생각해 보세요.

마리아 몬테소리는 장애아들의 마음을 읽고 공감할 수 있었어.

약자를 사랑하는 마음은 몬테소리가 의사가 되어 로마대학병원에서 지적 장애아들을 돌볼 때 빛을 발했어. 사실 몬테소리가 정신과에서 의사 생활을 시작한 것은 여성에 대한 차별로 그녀를 채용하는 병원이 없었기 때문이었지. 하지만 그녀는 그곳에서 성실하게 일하면서 제대로 된 치료는 커녕 방치 상태로 격리 수용된 지적 장애아들을 사랑으로 보듬으며 가르쳤어. 의과 대학을 다니는 내내 차별을 받은 경험을 가지고 있던 몬테소리는 힘없고 약한 사람들에게 뭐든지 해 주고 싶었어. 그래서 당시에 하나의 독립된 인격체로 존중받지 못하는 어린이들의 권리를 강조하기도 했지. 이러한 몬테소리의 마음은 가난한 노동자들의 자녀들을 가르치는 '카사 데이 밤비니(어린이의 집)'를 설립하게 하기도 했어.

너는 언제 다른 사람의 마음을 읽고 공감했어?

이것만은 꼭!

몬테소리가 살던 시대에는 의사가 남자만 가질 수 있는 직업이라고 생각했어. 그래서 몬테소리는 의사가 되기까지 많은 반대에 부딪혔지. 몬테소리는 의사가 되고 나서 그 전에 받았던 시련과 반대, 냉혹한 시선 등을 떠올리며 약한 아이들의 편에서 더욱더 애썼어. 그리고 마침내 몬테소리 교육법을 만들었지. 그 교육법은 오늘날에도 아이들에게 큰 영향을 미치고 있어. 너도 다른 사람의 마음에 공감하며 사람들을 돕기 위해 노력해 봐. 그건 정말 아름답고 멋진 일이니까.

나라를 개혁한 성군

정조

사도 세자의 아들이자 조선의 22대 왕 정조는 온갖 위협에도 굴하지 않고, 오로지 백성을 위한 나라를 만들기 위해 끊임없이 노력한 성군이었습니다. 다음은 큰 비극과 아픔을 겪은 정조의 어린 시절 이야기입니다.

조선 시대에는 역모 죄를 *삼대를 멸할 정도로 엄히 다스렸습니다. 사도 세자를 역모로 몰고 가는 노론 세력 때문에 세자는 물론, 세손의 목숨마저 위태로워질 것을 걱정한 영조는 결국 결정을 내렸습니다.

이 상소에 적힌 것을 모두 인정하느냐?

소자, 비록 방탕하였으나 역모를 꾀한 적은 없었습니다. 믿어 주십시오.

역모가 아니었다 해도 세자로서 온갖 잘못을 일삼은 것만으로도 죽어 마땅하다!

세자는 죽음으로 죗값을 치르도록 하라!

어찌 그런 명을 내리십니까? 용서해 주십시오, 아바마마!

* **삼대** 아버지, 아들, 손자의 세 대

이 소식은 이산에게도 전해졌습니다.

아바마마께
목숨을 끊으라
하셨다고요?

어찌 이런
일이……!
어마마마!

세손, 이 일을
어찌해야 한다는
말이오.
할바마마께서
아바마마를
오해하신 것
같아요.

할바마마께
자초지종을 설명한 뒤
아바마마의 용서를
구하겠습니다.

함께 갑시다.
서두르지 않으면
세자저하의 목숨이
위태롭습니다.

하지만 이미 상황이 악화되어 있었습니다.
전하, 소인의 죄를 용서해 주십시오!
아, 아바마마!
할바마마, 아바마마를 살려 주십시오!
부디 명을 거두어 주십시오!
세 사람은 그저 영조에게 빌고 또 비는 수밖에 없었습니다.
두 사람의 마음을 모르는 것은 아니나 사사로운 정으로 해결될 일이 아니다.
조선의 운명이 달린 일이니 두 사람은 물러가 있어라!
뭣들 하느냐! 세손과 세자빈을 당장 끌어내도록 하라!
부디 아바마마를 살려 주십시오.

* **뒤주** 곡식을 담아 두는 나무로 만든 궤짝

* **동궁** 왕세자를 달리 이르던 말

이제부터 죽은 사도 세자의 일은 누구도 함부로 입에 담아서는 안 될 것이다!
네, 전하~
그리고…… 세자의 자리를 마냥 비워 둘 수는 없는 일!
이 말은 세손에게 왕위를 넘겨주겠다는 것인가?
그럴 리가 있겠소. 세손은 죄인의 아들이 아니오?
세손에게 세자의 빈자리를 대신하게 할 것이다. 그러니 경들은 세손을 잘 보필하도록 하라!
아바마마의 억울함을 제가 꼭 풀어 드리겠습니다. 지켜봐 주십시오, 아바마마.
1762년(영조 38년), 세손 이산은 *동궁의 자리에 올랐습니다.

I. 조목조목 인물 탐험

 **정조에 관한 다음 글을 읽고 물음에 답하세요.**

조선 중기 이후 사대부들은 이념에 따라 당파가 갈렸고, 붕당은 나랏일을 제멋대로 이끌어 가려고 했습니다. 세월이 흐르며 이들의 권력 다툼은 점점 거세졌고, 제21대 왕인 영조 대에 이르자 붕당의 폐단은 극에 달했지요. 이 과정에서 영조의 아들이자 정조의 아버지인 사도 세자는 비극적인 죽음을 맞게 됩니다.

어린 정조에게 아버지의 죽음은 견디기 힘든 충격이었지만 견뎌야만 하는 비극이었습니다. 이를 악물고 학문에 매진해 할아버지 영조에게 인정받은 정조는 뒤를 이어 제22대 왕이 되었고, 다시는 아버지의 죽음과 같은 비극이 일어나지 않도록 조선을 개혁으로 이끌었습니다. 당파 간의 갈등을 없애고 백성을 위한 조선을 만들고자 한 정조는 인재들에게 고른 기회를 주고자 했지요. 그래서 인재를 등용할 때 신분이나 지위, 출신지가 아닌 각자가 가진 장점과 능력을 최우선으로 보았습니다. 비록 서자 신분이라도 과거에 합격하면 등용해 벼슬에 오를 수 있도록 해 주었습니다.

또한, 정조는 노비 추쇄법을 폐지했습니다. 당시에는 '노비 추쇄법'이 있어 노비의 출생과 사망을 관리하는 노비 추쇄관들에게 도망간 노비들을 찾도록 했는데요. 일부에서 이 노비 추쇄관들이 도망간 노비를 찾는 대신 양민을 협박해 노비로 만들거나 돈을 받고 노비 신분에서 제외해 주는 등 폐단을 저질렀습니다. 이를 알게 된 정조가 노비 추쇄법을 없앤 거였죠.

이 외에도 정조는 억울한 일을 당한 백성이 북을 쳐 왕에게 알리도록 한 제도인 신문고와 왕의 행차 때 꽹과리나 징을 쳐서 자신들의 억울한 사정을 호소하는 제도인 격쟁을 통해 백성의 목소리를 직접 들으려고 노력했습니다. 정조는 늘 백성의 이야기를 귀담아듣고, 문제를 해결하기 위해 애를 썼습니다.

이렇게 나라를 위하고 백성을 사랑했던 정조는 자신의 일상생활에서도 검소함을 실천했습니다. 정조는 즉위하자마자 내시와 궁녀의 수를 줄이겠다고 선언했지요. 왕의 손과 발이 되는 내시와 궁녀는 많을수록 편한데, 왜 그랬을까요? 그건 바로 국가 재정 때문이었습니다. 숙종 때부터 시작된 이상 기후 현상이 영조 때까지 이어졌고, 영조는 40년 동안이나 금주령을 내려야 했지요. 백성들은 먹을 쌀도 부족한데 그 귀한 쌀로 술을 빚어 먹으면 안 됐으니까요. 이 모습을 지켜본 정조는 국가

재정을 안정시키는 것이 중요하다는 것을 일찌감치 깨달았습니다. 그래서 내시와 궁녀의 절반을 내보내 이들에게 지출되는 비용을 줄인 것이었죠.

게다가 정조는 하루에 두 끼, 그리고 한 끼에 반찬을 5가지만 먹겠다고 선언했습니다. 당시에 왕은 한 끼에 고기와 반찬 11가지 이상이 올라가는 최고의 밥상을 받았는데 말이에요. 정조는 재위 24년간 내내 소박하게 밥을 먹었습니다.

죄인 사도 세자의 아들이라는 이유로 온갖 위협을 받았던 정조. 하지만 이에 굴하지 않고 당당히 왕이 된 정조는 아버지의 죽음에 대한 한을 가슴에 묻은 채 오로지 백성들만을 바라보며 자신의 길을 만들었고, 조선을 개혁했습니다. 이런 정조의 정신은 오늘날까지도 사람들의 가슴속에 남아서 정조를 조선의 성군으로 기억되게 하고 있습니다.

1 **정조가 한 일이 아닌 것은 무엇인가요?**

① 노비 추쇄법을 없앴다.
② 장점과 능력 중심으로 인재를 뽑았다.
③ 신문고를 통해 백성의 소리를 들었다.
④ 격쟁을 통해 범죄자를 처벌했다.
⑤ 스스로 검소한 생활을 실천했다.

2 **정조에 대한 설명으로 옳은 것은 무엇인가요?**

① 아버지의 뒤를 이어 왕이 되었다.
② 사대부들의 당파 싸움을 지지했다.
③ 할아버지 영조의 미움을 받았다.
④ 고기반찬을 즐기고, 하루에 네 끼를 먹었다.
⑤ 백성을 위해 조선을 개혁한 왕이었다.

3 **정조가 목표를 달성할 수 있었던 이유로 알맞은 것은 무엇인가요?**

① 아버지의 지지
② 끝없는 호기심
③ 강인한 체력
④ 다른 사람을 위하는 마음
⑤ 경제적인 어려움

▶ 정답: 212쪽

Ⅱ. '나'와 정조

STEP 1

감정 조절하기

감정을 잘 조절하면 분노, 우울, 불안, 흥분 상태의 마음을 평온하게 진정시킬 수 있습니다. 정조는 비극적인 사건을 겪었지만 감정을 조절함으로써 조선의 성군이 되었습니다. 여러분도 화가 나거나 슬픈 일을 슬기롭게 이겨낸 적이 있는지 생각해 보세요.

정조는 이랬어.

정조는 1762년에 아버지가 뒤주에 갇혀 죽는 비극적 사건을 겪고 나서 두 달 뒤 동궁의 자리에 올랐어.

세자에서 폐서인(벼슬이나 신분적 특권을 빼앗아 서민이 되게 함) 당하고 죄인으로 죽음을 맞이한 아버지 때문에 정조는 평생 '죄인의 아들'이라는 꼬리표를 달고 살아야 할 상황이었지. 할아버지 영조의 뒤를 이어 왕이 된 정조는 붕당 정치의 희생양으로 억울하게 죽은 아버지 사도 세자를 늘 그리워했어. 엄청난 슬픔과 괴로움, 그리움을 안고 살았지만 정조는 잘 이겨 내고자 했어.

왕이 된 후, 정조는 양주에 있던 아버지의 묘를 수원으로 옮기고 그 지역 일대에 새로운 도시를 세워 '화성'이라 이름 지었어. 그리고 늘 약자였던 백성들을 위한 정치를 펼쳤어.

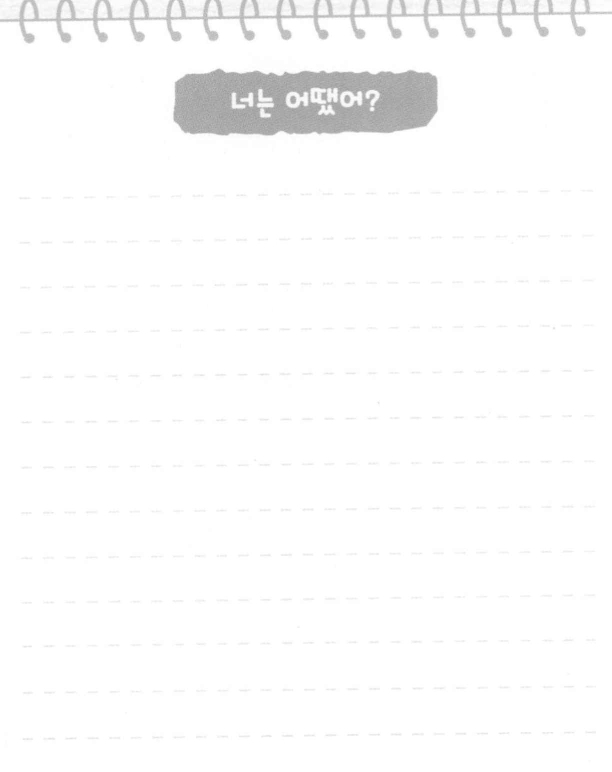

감정 조절 방법

마음이 불안하거나 힘들어서 어떻게 해야 할지 모를 때, 다음 2가지 방법을 따라 해 보세요.

- **심호흡하기**
  천천히 숨을 크게 들이쉬고 내쉬면서 마음을 조절해 보세요.
- **숫자 거꾸로 세기**
  숫자를 50부터 천천히 거꾸로 떠올리면서 집중해서 세어 보세요.

STEP 2

감정 조절 훈련하기

감정을 조절하는 방법에는 조용히 자기 자신을 위로하기, 명상하기, 스스로 칭찬하기 등이 있지요. 그리고 관심 있는 분야, 하고자 하는 목표를 중심으로 최선을 다해 나아가다 보면 부정적인 감정이 사라지기도 합니다. 정조는 자신만의 규칙을 만들고 지키면서 부정적인 감정을 없애려고 했습니다. 여러분도 정조처럼 자신만의 규칙을 만들고 지킨 적이 있는지 생각해 보세요.

정조는 나라를 바로 세우는 규칙과 절차를 만들고 지키려고 노력했어.

정조는 아버지를 잃은 슬픔을 이겨 내기 위해 나라를 혁신적으로 이끄는 일에 관심을 갖고 매우 노력했어. 혼란스러운 나라를 잘 이끌기 위해서는 뛰어난 인재를 발굴하는 것이 중요하다고 생각해서, '초계문신 제도'를 시행했지. '초계'는 인재를 뽑아 임금에게 보고하는 일을 뜻하고, '문신'은 문과 출신의 벼슬아치를 말하는데, 정조는 이 제도를 통해 가문이나 세력을 등에 업지 않고, 스스로 능력을 쌓은 젊은이를 등용해 개혁 정치를 하려고 했어.

그래서 정조는 신하 중에서도 실력이 뛰어난 서른일곱 살 이하의 젊은 인재를 뽑아 규장각에서 교육하고, 그들이 마흔 살이 되면 졸업시켜 벼슬을 주는 제도를 마련하고 시행했어.

너는 너만의 규칙이나 절차를 만들어서 지킨 경험이 있어?

이것만은 꼭!

죄인 사도 세자의 아들이라는 이유로 온갖 위협을 받았던 정조. 하지만 이에 굴하지 않고 당당히 왕이 된 정조는 아버지의 죽음에 대한 한을 가슴에 묻은 채 오직 백성들만을 바라보며 자신의 길을 만들어 갔어. 다른 사람이라면 충분히 우울하고, 불안하고, 화가 났을 법도 한데 정조는 그러지 않았어. 갑작스러운 죽음으로 모든 꿈을 펼치지는 못했지만, 오로지 백성을 위해 조선을 개혁한 정조는 오늘날까지도 조선의 성군으로 기억되고 있어. 아무리 힘들고 우울한 일이 있어도 참고 견디며 부정적인 감정을 다스려 봐. 그러면 객관적인 눈으로 해결책을 찾게 될 거야.

과학의 전도사

리처드 파인먼

미국의 물리학자인 리처드 파인먼은 아인슈타인과 더불어 20세기 최고의 물리학자로 손꼽힙니다. 그는 획기적인 양자 전기 역학 도표를 개발하여 1965년에 노벨물리학상을 수상했습니다. 다음은 파인먼이 훌륭한 과학자로 성장하는 데 큰 역할을 한 아버지 멜빌 파인먼과 관련된 일화입니다.

응애
리처드 파인먼은
1918년 뉴욕
파 락어웨이에서
태어났습니다.

하하하, 이 녀석.
훌륭한 과학자로 자랐으면 좋겠구나.
내가 잘 키우고
말 테다.
리처드 파인먼의 아버지 멜빌은
과학자가 되고 싶었지만,
그 꿈을 이루지 못했습니다.
그래서 아들이 훌륭한 과학자가
되길 바랐습니다.

리처드, 아빠 왔다!
아버지는 리처드 파인먼을 자신만의 방식으로 가르쳤습니다.

아빠~

자, 아빠가 오늘은 재밌는 놀잇거리를 들고 왔다. 한번 해 볼래?

어느 날, 여러 가지 색깔의 타일을 사 들고 집으로 온 아버지는 식탁 위에 타일을 쏟아 내고 도미노처럼 하나씩 세우기 시작했습니다.
리처드, 흰색 타일을 두 장 세우고 파란색 타일을 한 장, 다시 흰색 타일을 두 장 세워 보자.

아버지의 가르침은 얼마 후
리처드 파인먼이 다니던
유치원에서 빛을 발했습니다.
자, 지금부터
색종이의 짝을 맞추는
놀이를 할 거예요.
검은색은 흰색이랑 짝이고,
빨간색은 파란색과
짝이에요.

아이들은 색종이의 짝을 맞추기
시작했습니다. 대부분 아이들의
수준은 단순하게 짝을 짓고서는
끝났다고 생각하는 정도였습니다.

자, 여러분.
어렵게 생각할
필요 없어요.
이건 아주 쉬운
놀이예요.

어머, 리처드!
대단한데!

다른 아이들과는 달리 리처드 파인먼은
주어진 색을 일정한 방식으로 짝 짓는 것을
넘어 다른 색에도 규칙을 확장하고
있었습니다.

멜빌은 남들보다 특별하다거나 뛰어나다는 말을 믿지 않았습니다. 그는 모두가 평등하다고 생각했기에 아들이 뛰어난 재능을 가지고 있다는 가정 통신문을 받고도 전혀 기뻐하지 않았습니다.
세상에 특별한 아이는 없소. 아니, 남들보다 조금 똑똑하다고 특별한 대접을 받을 아이는 없지. 그러니 호들갑 떨지 마요. 아이가 자만심을 가질지도 모르니까.
아휴, 알았어요. 괜히 진지하다니까.

멜빌이 이런 생각을 하게 된 건 직업 탓이었습니다. 제복 회사의 판매인이었던 멜빌은 제복을 입는 경찰, 군인을 많이 만났습니다.

제복이 나와 잘 어울리는가?
아주 좋습니다.

모자를 주게.
네, 여기.

나와 어울리지 않아.
다른 모자를 골라 오게.
예, 알겠습니다.

멜빌은 똑같은 사람끼리 계급과 지위에 따라 격식을 따져 가며 차별하는 것이 싫었습니다.
뭐 하는 거야, 같은 사람끼리?

리처드, 이 사진을 봐라.
그래서 아들에게는 언제나 모든 사람이 평등하다는 점을 알려 주었습니다.

이 많은 사람이 왜 모여 있는 거예요?

교황을 맞이하기 위해 모인 사람들이란다. 넌 교황과 이 사람들이 뭐가 다른지 알겠니?
아니요, 잘 모르겠어요.

그래. 사실 이들은 모두 똑같은 사람이야. 그런데 교황이란 지위 때문에 사람들이 길에 엎드려 절을 하는 거지.
그렇구나.

리처드, 모든 사람은 평등해. 지위나 명예 같은 걸로 사람을 아래위로 나누는 건 옳지 않아. 세상에는 높은 사람도, 낮은 사람도 없단다. 이 점을 꼭 기억하고 너도 명예나 명성에 집착하지 말아라.

리처드 파인먼은 아버지의 가르침을 평생토록 간직하였습니다.

네, 모든 사람은 평등하다는 아빠의 말씀 항상 기억할게요.

I. 조목조목 인물 탐험

리처드 파인먼에 관한 다음 글을 읽고 물음에 답하세요.

리처드 파인먼은 1918년 뉴욕 파 락어웨이에서 태어났습니다. 호기심 많았던 꼬마 리처드 파인먼은 궁금한 것이 있으면 무엇이든 직접 해결하려 했지요. 어릴 적에는 기계의 원리를 파헤쳐 라디오 수리공으로 이름을 날렸고, 어른이 되어서는 어려운 과학을 보다 쉬운 방법으로 사람들에게 전달해 주는 과학의 전도사로 명성을 널리 떨쳤습니다.

아인슈타인과 더불어 20세기 최고의 물리학자로 손꼽히는 파인먼은 핵무기 개발에 참여했고, '파인먼 다이어그램'이라는 획기적인 양자 전기 역학 도표를 개발한 업적으로 1965년에 노벨물리학상을 받았습니다. 그리고 1986년에는 우주 왕복선 챌린저호 폭발 사건의 원인을 밝혀내기도 했습니다. 이처럼 과학자로서 뚜렷한 발자취를 남긴 리처드 파인먼은 따뜻하고 유머러스한 성격으로도 많은 사람들에게 사랑받았습니다.

파인먼은 유쾌하고 긍정적인 사고방식으로 늘 재미있게 살고자 노력했는데요. 어린 시절 실험을 통해 알아낸 화학 작용을 이용해서 동네 아이들 앞에서 마술 공연을 하기도 했고, MIT(매사추세츠 공과 대학교)를 다닐 때에는 문을 떼어 내 지나치게 소음에 민감했던 친구를 놀리기도 했습니다. 또한, 맨해튼 프로젝트를 연구할 당시 보안상의 이유로 가족과 주고받는 편지가 검열을 받자 기분 나빠하기는커녕 이것을 이용해 오히려 가족과 암호 놀이를 하기도 했지요. 그리고 보안용 금고의 허술함을 지적하고자 자신이 직접 금고를 열기도 했고요. 이러한 파인먼의 익살스러운 행동은 주변 사람들에게 즐거움을 주었고, 금고의 보안을 더욱 견고하게 하는 등 다방면에 긍정적이고 발전적인 영향을 끼쳤습니다. 그뿐만 아니라 파인먼은 실제 경험을 통해 쌓은 지식을 과학적 이론을 세우는 데도 유용하게 사용했습니다. 책과 이론에서만 머물지 않는 살아 있는 지식을 응용했던 것이죠.

그러면서도 파인먼은 평생 명예와 권위를 부정하고, 모든 사람을 격의 없이 사랑했습니다. 천재 혹은 괴짜 과학자라고 불리었던 리처드 파인먼. 하지만 그는 사람을 사랑하고 세상을 사랑했던 열린 마음의 따뜻한 과학자였습니다. 그의 따뜻한 마음과 유쾌한 성격은 과학자의 삶을 넘어 훌륭한 한 인간의 삶으로 남아 지금도 우리에게 교훈을 전하고 있습니다.

1 **리처드 파인먼의 직업은 무엇인가요?**

① 작가
② 종교인
③ 정치가
④ 군인
⑤ 물리학자

2 **리처드 파인먼에 대한 내용으로 알맞지 않은 것은 무엇인가요?**

① 유쾌하고 긍정적인 사고방식을 가지고 있었다.
② 책과 이론만 중요하게 생각했다.
③ 세상을 사랑하고 사람을 사랑했다.
④ 핵무기를 개발하는 데 참여했다.
⑤ 챌린저호 폭발 사건의 원인을 밝혀내기도 했다.

3 **리처드 파인먼이 20세기의 최고 과학자로 불리는 이유로 알맞지 않은 것은 무엇인가요?**

① 평생 명예와 권위를 부정했다.
② 주변 사람들에게 즐거움을 주는 것만을 목표로 삼았다.
③ 모든 사람을 격의 없이 사랑했다.
④ 핵무기 개발에 참여했고, '파인먼 다이어그램'을 개발했다.
⑤ 노벨물리학상을 받았고, 챌린저호 폭발 사건의 원인을 밝혀내기도 했다.

▶ 정답: 213쪽

Ⅱ. '나'와 리처드 파인먼

STEP 1

감정 조절하기

파인먼은 부정적인 상황에서도 감정을 다스리면서 늘 긍정적이고 즐겁게 생활하려고 했고, 발전적인 방향으로 생각하려고 노력했습니다. 이를 통해 파인먼은 다양한 기회와 성공 경험을 얻을 수 있었지요. 여러분도 파인먼처럼 부정적인 상황이나 생각을 긍정적으로 바꾸려고 한 적이 있었는지 생각해 보세요.

리처드 파인먼은 이랬어.

리처드 파인먼은 유쾌하고 긍정적인 사고방식으로 늘 재미있게 살고자 노력했어. 어린 시절엔 실험을 통해 알아낸 화학 작용을 이용해서 동네 아이들 앞에서 마술 공연을 하기도 했고, MIT를 다닐 땐 문을 떼어 내 지나치게 소음에 민감했던 친구를 놀리기도 했지. 그리고 맨해튼 프로젝트를 연구할 당시, 보안상의 이유로 가족과 주고받는 편지가 검열을 받자 기분 나빠하기는커녕 이것을 이용해 오히려 가족과 암호 놀이를 하기도 했어. 게다가 보안용 금고의 허술함을 지적하고자 자신이 직접 금고를 열어 보기도 했지. 이러한 파인먼의 익살스러운 행동은 주변 사람들에게 즐거움을 주었고, 금고의 보안을 더욱 견고하게 하는 등 발전적인 영향을 끼쳤어.

너는 어땠어?

생각 쑥쑥

기억에 남는 일에는 나를 행복하게 했던 일도 있고, 힘들게 했던 일도 있어요. 여러분의 기억에 남는 일에는 무엇이 있는지, 그때 감정은 어땠는지를 빈칸에 써 보세요.

	나이	기억에 남는 일	나의 감정
〈보기〉	8세 (초등학교 1학년)	초등학교에 처음 입학해서 새 친구들을 만났다.	설렘, 기쁨

STEP 2

감성 기르기

감성이 발달한 사람들은 세상을 향해 열린 마음을 갖고 있기 때문에 관심을 갖고 주변을 대하며 자신의 감정에도 솔직하지요. 이런 자세는 삶의 시야를 넓혀 주어 창의적으로 세상을 바라볼 수 있게 해 줍니다. 열린 마음으로 생활하기 위해 집과 학교에서 실천할 수 있는 일에는 무엇이 있는지 생각해 보세요.

리처드 파인먼은 열린 마음으로 사람들을 차별하지 않았어.

파인먼은 부자와 가난한 자, 아이와 어른, 여자와 남자, 어떤 종교를 믿느냐를 두고 차별하지 않고 모두를 열린 마음으로 대했어.

파인먼은 쓸데없는 격식을 차리기 싫다는 이유로 노벨물리학상 수상을 거절하려고도 했지. 그는 사람은 모두 평등하다는 생각을 했기 때문에 권위와 격식을 싫어했어. 파인먼은 과학뿐 아니라 음악, 미술 등에도 관심을 두고 예술가들과 자유롭게 어울렸고, 학교 밴드를 결성해 밴드 활동을 하기도 했어. 당시에는 이런 모습이 학자의 근엄하고 지적인 이미지에 어울리지 않는다고 하여 그를 질타하는 학자들도 있었어.

그러나 파인먼은 여러 분야의 다양한 사람을 만나면서 그들의 취향을 알고 새로운 상황을 열린 마음으로 받아들였지. 그래서 남들보다 더 실생활에 유용한 과학, 더욱 쉬운 강의를 많이 생각했고 그것을 직접 실천할 수 있었어.

파인먼은 천성적으로 모든 사람들은 평등하고 고귀한 존재라는 생각과 인간에 대한 존경심을 가지고 있었어. 이런 마음이 그의 자유로운 생각과 맞물려 모든 사람들을 포용하는 열린 마음으로 나타난 거였어.

열린 마음을 위해 너는 어떤 일을 실천하고 싶어?

이것만은 꼭!

자유로운 생각과 열린 마음으로 즐거운 세상을 꿈꾸었던 리처드 파인먼은 우리가 세상을 어떻게 보느냐에 따라서 미래도 달라질 수 있다는 것을 알게 해 주었어. 혹시 네 앞에 부정적인 생각들과 힘든 과정들이 먼저 떠오른다면, 파인먼처럼 조금만 생각을 바꿔 봐. 너의 생각, 너의 손으로 바꿀 수 있는 것이 바로 너의 미래이니까!

가난한 사람들의 어머니

마더 테레사

마더 테레사는 빈민을 구제하기 위해 인도 콜카타에 '사랑의 선교 수녀회'라는 자선 단체를 설립했고, 평생을 가난하고 병든 사람들 곁에서 사랑을 실천했습니다. 다음은 마더 테레사가 남을 위해 봉사하고 헌신하겠다고 결심한 계기가 된 어린 시절 일화입니다.

아녜스(마더 테레사의 어릴 적 세례명)의 아버지인 니콜라 브약스히야는 부유한 알바니아계 사업가로, 스코페의 시의원이기도 했습니다. 독실한 가톨릭 신자이자 솔선수범하는 성격이었던 니콜라는 이슬람교도가 많은 스코페시에서도 좋은 평판을 받았습니다.

어머니인 드라나필도 누구보다 신앙심이 깊고 자상한 성격을 가지고 있었습니다.

이렇듯 자상하고 헌신적인 부모님 밑에서 아녜스는 언니 아가, 오빠 라자와 함께 매우 행복한 시절을 보냈습니다.

아빠!

내 귀여운 딸 아녜스!

아빠.
뭘 짓는 거예요?
극장을 짓고
있단다.

와, 영화 보여 주고
연극도 하는 곳이요?
그럼 저 건물이
우리 거예요?

건물을 짓게 돈을
대 주는 건 아빠가 맞지만,
저 건물은 우리 것이 아닌,
이 스코페 시민 모두의
것이란다.
모두의 것?

다른 사람들은 극장
만들 돈이 없나요?
으음.
어떻게 설명해야
하나…….

세상에는 가난한
사람이 많단다. 그래서
그 사람들은 파티를 열 수도,
장난감을 사서 아이들과
놀 수도 없단다.

하지만 극장이 생기면
아주 적은 돈으로도
가족과 함께 웃고
즐길 수가 있어!
힘들고 지친 사람들에게
이만한 놀이터가 있을까?

으음…….

아녜스한테는
너무 어려운
얘기였나?

그럼 아빠는
가난한 사람들을
행복하게 해 주는
사람이에요?
그렇게 되나?

저도 이다음에
아빠처럼 어려운
사람을 도와줄래요.

아녜스!
네?

역시 내 딸이야!
아버지 니콜라는 스코페시에 최초로 극장을 지었으며 가난한 사람을 돕기 위한 기부도 많이 했습니다. 그래서 많은 사람에게 존경과 사랑을 받았습니다.

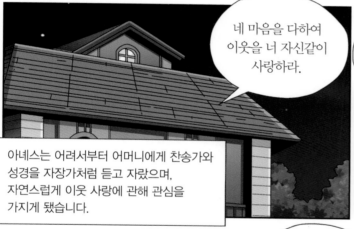

네 마음을 다하여 이웃을 너 자신같이 사랑하라.

아녜스는 어려서부터 어머니에게 찬송가와 성경을 자장가처럼 듣고 자랐으며, 자연스럽게 이웃 사랑에 관해 관심을 가지게 됐습니다.

엄마, 왜 우린 가난한 사람에게 베풀어야 해요?

우리의 행복을 남에게 조금 나눠 준다고 해서 나쁠 건 없어.

세상엔 불행한 사람이 아주 많은가요?
세상은 네가 아는 것보다도 훨씬 넓고, 불행한 사람이 아주 많단다.

나도 엄마랑 아빠처럼 이웃을 도우며 살고 싶어요.

착한 우리 딸. 이만 자렴.
네, 엄마.

야녜스의 아버지는 많은 정치인을 비롯해 종교인과도 친분을 쌓았습니다.

안녕하세요, 주교님!
아녜스, 많이 컸구나.

주교님! 저 어른이 되면 봉사를 많이 하는 사람이 되고 싶어요.
그래? 훌륭한 생각이구나!

그런데 뭣부터 해야 할지 모르겠어요!

우선 동네 성당에 다니면서 알아보렴.

엄마, 나 성가대에 들어갈래요.
아직은 어리지 않니? 조금 더 크면 언니와 함께 들어가렴.

지금 들어가고 싶어요!
그럼 언니한테 말해 보렴!

아녜스,
항상 즐거워
보이는구나.

네, 하느님이
항상 저와
함께하시니까요.

아녜스가 대견스럽기도
하지만, 한창 뛰어놀
나이인데 너무 종교에만
몰두하는 건 아닐까
걱정이에요.
걱정하지 마요.
덕분에 심성 고운
아이로 자랐잖소.

그러고 보니
당신이랑
똑같은걸.
정말요?

한번 마음을
정하면 밀어붙이는
고집불통인
점까지!
윽!

그건 고집불통이
아니라 의지라고
하는 거예요!
지기 싫어하는
점도 추가!
엄마랑 아빠
싸우는 거야?
싸우는 게 아니라
사이가 무척
좋으신 거야.

I. 조목조목 인물 탐험

마더 테레사에 관한 다음 글을 읽고 물음에 답하세요.

마더 테레사는 1910년, 마케도니아의 도시 스코페에서 태어났습니다. 그녀는 신앙심이 깊은 가정에서 의지가 강한 어머니를 보며 자랐습니다. 아무리 힘들어도 싫은 소리 한 번 하지 않고 즐거운 마음으로 봉사하는 어머니의 모습은 마더 테레사에게 의지가 얼마나 중요한지 깨닫게 해 주었습니다. 그러던 중 마더 테레사는 인도를 방문했고, 그곳에서 상상을 뛰어넘을 만큼 비참한 하층민들의 삶을 보며 깊은 슬픔과 절망을 느끼게 되었죠. 당시 인도 빈민가는 이 세상의 모든 비극이 다 존재하는 듯한 땅이었으니까요. 그곳에는 극심한 신분 차별, 엄청난 빈부의 격차, 질병과 기아, 종교 갈등 등이 걷잡을 수 없이 퍼져 있어서 그 비참함의 정도가 끝이 없었습니다. 그렇게 참혹한 광경을 목격한 마더 테레사는 수녀가 되어 가난하고 병든 사람들을 돕는 삶을 살겠다는 마음을 먹게 되었습니다. 평탄하고 안락한 삶 대신 인도의 가난한 사람들을 위한 힘든 삶을 선택한 것이었죠. 그녀는 모두가 포기한 인도의 빈민가를 직접 찾아가 그들이 인간적인 삶을 살 수 있도록 도왔습니다.

마더 테레사가 처음부터 용기가 있었던 건 아니었어요. 살이 썩어 가는 한센병 환자나 무서운 전염병에 걸린 사람들을 처음 봤을 땐 그녀도 선뜻 손을 내밀기가 어려웠지요. 하지만 마더 테레사는 누군가는 그들을 도와야 한다고 생각했고 스스로 용기를 낸 것이었습니다. 그 후, 그녀는 교황청을 설득해 인도 콜카타에 수도회를 만들었고, 그곳에서 무서운 전염병 환자를 두려워하지 않으며 맨손으로 간호했습니다. 최하층 계급의 사람들과 어울리면 자신도 같은 취급을 받는다는 것을 알면서도 마더 테레사는 도움의 손길을 거두지 않았습니다.

그 당시 마더 테레사가 세운 수도회는 바로 사랑의 선교 수녀회였습니다. 1948년에 설립되었을 땐 정식 이름이 없었습니다. 그런데 사랑을 실천하는 선교회란 뜻으로 봉사자들이 사랑의 선교 수녀회라고 부르던 것이 1950년에 교황청의 정식 인가를 받아 공식 명칭이 된 거였죠. 인도 콜카타에 총본부를 둔 사랑의 선교 수녀회는 현재 전 세계 126개국의 200여 개 도시에 540여 개의 수녀회, 4,000여 명의 수녀와 평수사를 거느린 대규모 단체로 성장했고, 지금도 마더 테레사의 뜻을 이어받아 어려운 이들에게 도움을 건네는 활동을 활발히 하고 있습니다.

평생 남을 위해 헌신한 마더 테레사는 1997년 9월 5일, 아침 기도 후 어지러움을 느끼고 자리에 누웠습니다. 그리고 이날 오후, 마더 테레사는 영원히 눈을 감았습니다. 인도 정부는 마더 테레사의 장례식 날을 국장일로 선포하고 그녀를 추모했습니다. 인도뿐만 아니라 전 세계가 마더 테레사의 죽음을 슬퍼했습니다. 멀리 떨어진 미국도 그날을 국가 기념일로 지정할 정도였지요. 마더 테레사는 눈을 감았지만, 그녀의 숭고한 정신만은 아직도 우리에게 큰 귀감으로 남아 있습니다.

1 **마더 테레사의 직업은 무엇인가요??**

① 수녀
② 신부
③ 목사
④ 기자
⑤ 의사

2 **마더 테레사에 대한 내용으로 알맞지 않은 것은 무엇인가요?**

① 인도의 빈민가에서 태어났다.
② 마케도니아의 도시 스코페에서 태어났다.
③ 사랑의 선교 수녀회를 만들었다.
④ 무서운 전염병에 걸린 환자에게 용기를 내어 다가갔다.
⑤ 굳은 의지를 가지고 어려운 일들을 해결해 나갔다.

3 **마더 테레사의 성공의 열쇠로 보기 어려운 것은 무엇인가요?**

① 용기
② 의지
③ 인류애
④ 긍정적인 마음
⑤ 부유한 환경

▶ 정답: 213쪽

Ⅱ. '나'와 마더 테레사

STEP 1

감성 이해하기

감성이 발달한 사람은 공감 능력이 뛰어납니다. 마더 테레사는 어렸을 때부터 다른 사람의 감정을 헤아리며, 그들과 함께 기뻐하고 슬퍼했어요. 그래서 어려운 사람들을 위하는 생각을 행동으로 실천했지요. 여러분도 마더 테레사처럼 도움이 필요한 사람들에게 손을 내밀어 본 적이 있나요? 있다면 그때의 기분이 어땠는지 생각해 보세요.

마더 테레사는 이랬어.

병에 걸린 사람들에게 마더 테레사가 처음부터 선뜻 손을 내밀었던 건 아니야. 하지만 마더 테레사는 누군가는 그들을 도와야 한다고 생각해서 용기를 냈지.

마더 테레사는 교황청을 설득해 자신만의 수도회를 만들고 무서운 전염병 환자를 두려워하지 않고 맨손으로 간호했어. 게다가 최하층 계급의 사람들과 어울리면 자신도 같은 취급을 받는다는 것을 알면서도 도움의 손길을 거두지 않았지. 심지어 빈민들을 구하기 위해서 자신의 전부였던 종교의 형식과 절차를 바꾸려는 용기를 내기도 했어.

마더 테레사가 이렇게 용기를 내어 솔선수범했기 때문에 다른 사람들도 마더 테레사를 따라 가난하고 어려운 사람들을 돕는 활동에 뛰어들 수 있었어.

너는 어땠어?

생각 쑥쑥

사람들을 사랑으로 돌봤던 마더 테레사도 빈민가의 사람들을 도우며 힘들 때가 있었어요. 아래 상황에서 내가 마더 테레사라면 마음이 어땠을지 생각해 보세요.

테레사는 의사나 간호사들마저 꺼리는 인도의 빈민가로 갔어요. 그곳에서 아이들을 씻기고, 학교를 세워서 아이들에게 글을 가르쳤지요. 하지만 테레사는 시간이 흐를수록 도움을 필요로 하며 죽어 가는 사람들이 비참하고 안타까웠어요. 테레사는 이들을 모두 구할 수 없다는 생각에 집으로 돌아가려고 했지요. 그럼에도 불구하고 강인한 테레사는 이만한 일로 포기하지 않겠다고 스스로 마음을 다잡았어요.

STEP 2

마음 조절하기

자신의 감정을 정확하게 알고 이를 다스릴 수 있다면, 마음이 성숙해지는 동시에 다른 사람과의 관계도 훨씬 부드러워질 거예요. 다음 일화를 읽고, 여러분의 마음을 다스렸던 경험을 떠올려 보세요.

마더 테레사는 유쾌하고 긍정적인 생각으로 마음을 다스렸어.

남을 위해 희생하고 봉사했던 마더 테레사가 차분하고 조용한 성격일 거라고 많은 사람들은 생각할 거야. 하지만 다음 일화를 보면 마더 테레사가 이런 생각과 달리 매우 유쾌하고 긍정적인 성격의 소유자였다는 걸 알 수 있어.

마더 테레사가 폴란드에서 교황을 만나기로 한 날이었어. 마더 테레사는 교황을 위해 준비된 카펫을 스스럼없이 밟고 참석자들의 좌석을 바꿔 앉혔지. 그리고 자리가 모자라자 마더 테레사는 땅바닥에 털썩 앉아서 교황을 기다렸어. 땅바닥에 앉은 마더 테레사를 보며, 행사를 진행하던 신부는 어쩔 줄 몰라 하며 발만 동동 굴렀지. 그런데 그렇게 주눅 들지 않는 마더 테레사의 자유분방함과 대담함을 직접 목격한 교황은 매우 만족했고 긴장됐던 분위기가 자연스럽게 풀렸어.

만약 마더 테레사에게 긍정적인 마음과 유쾌함, 대담함이 없었다면 그녀는 온갖 고난과 역경을 이겨 내지 못했을 거야.

너는 어떻게 마음을 다스렸어?

이것만은 꼭!

마더 테레사는 자신의 작은 노력이 조금이라도 세상의 빛이 되었으면 하는 마음으로 봉사를 시작했어. 그리고 굳은 의지를 가지고 끊임없이 용기를 내어 사람들을 도왔지. 세상의 어둠을 걷어 내면서 함께 살아가는 세상이 얼마나 아름다운지, 너도 꼭 느껴 보았으면 해!

전설적인 언론인

오리아나 팔라치

오리아나 팔라치는 불의에 굴하지 않고 적극적으로 대항하며 힘든 상황에서도 희망의 끈을 놓지 않은 진정한 언론인이었습니다. 다음은 훗날 오리아나가 전설적인 기자가 되는 데 원동력이 된 어린 시절 일화입니다.

오리아나의 부모님은 비록 가난했지만 배움에 대한 열망이 강해서 책을 사는 일에는 돈을 아끼지 않았습니다.

엥?
아빠보다
책이 더 좋아?
그게 다 당신을 닮아서
그런 거예요.

이제 오리아나를
위한 책도
사 줘야겠어.

오리아나는 부모님 덕분에 책을 사랑하는 아이로 성장했습니다.

자, 여기 있다. 네가 읽고 싶어 하던 책 맞지?
야성의 외침
책

《야성의 외침》? 정말 이 책을 제가 읽어도 되나요?

그래, 아빠가 네가 일어나면 전해 주라고 하셨단다.
와~! 정말 신나요. 아빠가 이 책은 좀 더 크면 읽으라고 하셨었는데.

하지만 무리하지는 마라. 건강해야 책도 많이 읽을 수 있는 거야.

어휴, 벌써 책에 푹 빠져 버렸네~!

오리아나는 책을 펼치는 순간 알래스카에서 '버크'라는 개가 겪는 모험담 속으로 빠져들었습니다.
휘이이잉
야성의 외침
호화로운 저택에 살며 사람들의 귀여움을 독차지하던 개, 버크는 어느 날 알래스카로 팔려 가게 됩니다.

더 빨리
달리란 말이야.
이 게으름뱅이들!
짜악
착

버크는 혹독한 추위와 맞서며 썰매를 끌다가
물에 빠져 죽을 뻔도 합니다.

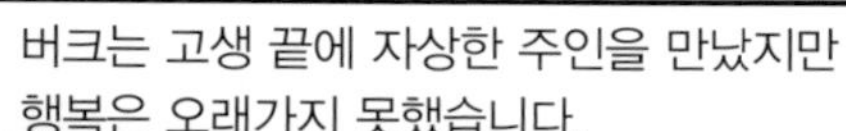

버크는 고생 끝에 자상한 주인을 만났지만
행복은 오래가지 못했습니다.

마음씨 착한 주인이
죽다니! 이제 버크는
어떻게 하면 좋지?
끼잉
낑

탁

오리아나는 책을 읽느라 밤을
꼴딱 새웠습니다.

정말 대단해!
난 버크가 좌절할 줄
알았는데! 끝까지
포기하지 않았어.

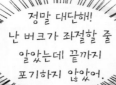

나도 어려운 일이
생기더라도 버크처럼
끝까지 이겨 내는 강한
사람이 될 거야!
야성의 외침

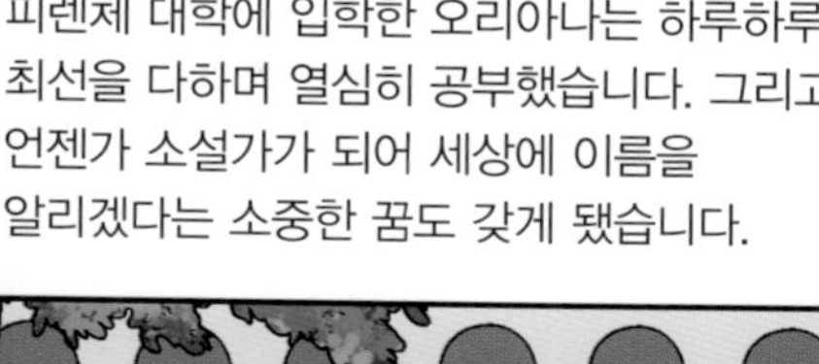
피렌체 대학에 입학한 오리아나는 하루하루
최선을 다하며 열심히 공부했습니다. 그리고
언젠가 소설가가 되어 세상에 이름을
알리겠다는 소중한 꿈도 갖게 됐습니다.

학교 다녀오겠습니다!

기자수첩

I. 조목조목 인물 탐험

오리아나 팔라치에 관한 다음 글을 읽고 물음에 답하세요.

1979년의 오리아나 팔라치

'전설적인 기자'로 불리는 오리아나 팔라치는 20세기의 가장 유명한 언론인이자 인터뷰어(인터뷰를 진행하는 사람)로 손꼽힙니다. 오리아나는 어린 시절 제2차 세계 대전을 직접 겪었을 뿐 아니라 이후에도 수많은 전쟁에 목숨을 걸고 종군 기자로 뛰어들어 전쟁의 참상을 알렸습니다. 오리아나는 언론인으로서 사회에 공헌하겠다는 목표를 가지고 세상의 어두운 면을 알리기 위해 노력했습니다.

그녀는 절망에 빠져 무기력하게 있는 것을 가장 싫어했습니다. 힘든 상황이라도 희망을 놓지 않고 강하게 이겨 내야 한다고 생각했지요. 어린 시절 불의에 적극적으로 대항하며 얻은 용기는 훗날 오리아나가 전설적인 기자가 될 수 있게 해준 가장 중요한 덕목이었습니다. 그녀가 이렇게 용기와 정의를 지키기 위해 굴하지 않는 정신을 갖게 된 것은 혼자만의 힘이 아니었습니다. 불의에 당당히 맞서 싸우는 부모님이 계셨기에 가능한 일이었죠. 부모님은 오리아나를 깊이 사랑하는 만큼 엄격하게 대했습니다. 그녀의 유년기는 전쟁 중인 어려운 상황이었지만, 부모님은 오리아나가 의로운 사람이 되길 원했고, 불의에 맞서 싸울 수 있는 용기도 지니길 바랐으니까요. 그래서 부모님은 딸이 자신들을 보고 자연스럽게 배울 수 있도록 먼저 올바르게 행동했습니다.

이렇게 강직한 부모님 밑에서 성장한 오리아나는 권력에 굴복하지 않는 올바른 언론인이 될 수 있었습니다. 당시 대부분의 언론인들은 독재 정권 아

래서 제대로 된 목소리를 내지 못했는데, 오리아나는 언론인으로서 이런 점을 반성해야 한다고 생각했습니다. 누구를 인터뷰하든 당당했던 오리아나는, 권력을 두려워하지 않았고, 오히려 권력의 불의에 용기 있게 맞설 줄 아는 진정한 언론인이었습니다. 그녀의 이러한 강한 정신력과 지칠 줄 모르는 도전 정신은 아직도 많은 사람들의 가슴에 열정의 불꽃을 심어 주고 있습니다.

1 오리아나 팔라치의 직업은 무엇인가요?

① 종교인
② 언론인
③ 무속인
④ 법조인
⑤ 음악인

2 오리아나 팔라치에 대한 설명으로 옳은 것은 무엇인가요?

① 유명한 식당을 주로 취재했다.
② 인터뷰를 잘하기로 손꼽히는 언론인이었다.
③ 오리아나의 부모님은 그녀에게 관대했다.
④ 때에 따라서는 권력에 굴복하기도 했다.
⑤ 무력한 어린 시절을 보냈다.

3 오리아나 팔라치가 자신의 인생 목표를 달성할 수 있었던 이유로 알맞지 않은 것은 무엇인가요?

① 불의에 맞서 싸우는 용기
② 솔선수범하는 부모님의 교육
③ 권력에 순응하는 자세
④ 끝없는 도전 정신
⑤ 불의에 굴하지 않는 자세

▶ 정답: 213쪽

Ⅱ. '나'와 오리아나 팔라치

감정 조절하기

우리는 불안이 닥치거나 좋지 않은 결과가 예상될 때 행동을 주저하게 되지요. 하지만 불의에 맞서서 싸워야 하는 상황에서는 용기를 낼 수 있는 감정 조절이 필요해요. 살면서 여러분에게 가장 용기가 필요했던 순간은 언제였는지 생각해 보세요.

오리아나 팔라치는 이랬어.

제2차 세계 대전의 당사국인 이탈리아에서 태어난 오리아나는 성장기를 폭격과 총성 속에서 보내야 했어. 당시 대부분의 사람들은 두려움에 떨며 전쟁이 끝나기만을 기다렸지만 오리아나는 달랐지. 어린 나이였지만 그녀는 부모님과 함께 전쟁을 일으킨 독재 정부에 저항하는 레지스탕스 활동에 참여했어.

레지스탕스 활동을 도우면서 오리아나는 맞서 싸울수록 용기는 점점 커지고 두려움은 점점 사라진다는 것을 깨달았어. 후에 오리아나는 어린 시절을 떠올리며 "인생은 힘겨운 모험이다. 그 사실을 빨리 알아차릴수록 좋다."라고 말했어.

오리아나는 절망에 빠져 무기력하게 있는 것을 가장 싫어했어. 힘든 상황이라도 희망을 놓지 않고 강하게 이겨 내야 한다고 생각했지. 이렇게 불의에 적극적으로 대항하며 얻은 용기는 훗날 오리아나를 전설적인 기자로 남게 해 주었어.

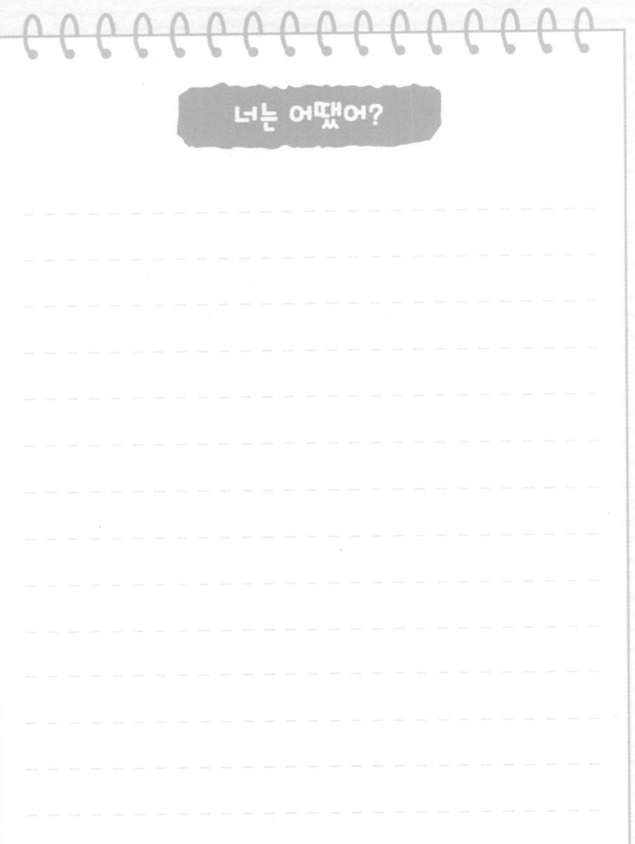

생각 쑥쑥

우리는 저마다 속한 집단에서 각자의 역할이 있어요. 다음 빈칸에 학교와 가정에서 여러분의 역할을 써 보고, 여러분은 지금 맡은 역할에 얼마나 책임을 다하고 있는지 해당하는 표정을 골라 보세요.

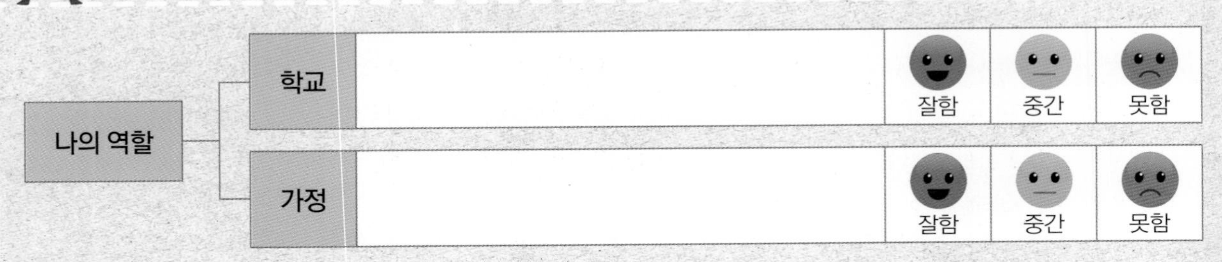

감정 조절 능력 키우기

다음 마시멜로 실험을 읽고, 아래 물음에 답해 보세요.

1960년대 후반 미국 스탠퍼드 대학교의 심리학자 월터 미셸은 아이들에게 보상과 관련된 실험을 했습니다. 미셸은 아이들에게 마시멜로를 나누어 주고 먹고 싶으면 지금 먹어도 되지만, 자기가 잠깐 나갔다 오는 동안 기다리면 마시멜로를 하나 더 준다고 말했습니다. 미셸은 15분간 자리를 비웠고, 다시 돌아와 보니 아이들의 반응은 제각각이었습니다. 15분을 참고 기다린 아이도 있었고, 반대로 달콤한 유혹을 이기지 못해서 마시멜로를 먹은 아이도 있었지요. 만일 여러분이라면 어떤 선택을 할 건가요?

바로 마시멜로를 먹는다.	기다려서 마시멜로 2개를 받는다.

위의 선택을 한 이유는 무엇인지 나의 감정과 연결해서 써 보세요.

오리아나 팔라치를 떠올려 봐. 전설적인 기자였던 그녀는 어려운 상황에서도 자신의 감정을 잘 조절할 줄 알았어. 그리고 강한 정신력과 지칠 줄 모르는 도전 정신으로 많은 사람들의 가슴에 열정의 불꽃을 심어 주었지. 그 누구와 인터뷰를 하든 당당했던 그녀는 권력을 두려워하지 않고, 오히려 불의에 용기 있게 맞설 줄 아는 진정한 언론인이었어. 너도 용기가 필요한 순간에 행동할 수 있는 사람이 되기 위해서 지금부터 감정을 조절하며 생각하고 연습해 봐. 그러면 조금씩 발전하는 네 모습을 보게 될 거야.

애니메이션계의 대명사

월트 디즈니

월트 디즈니는 어려운 환경 속에서도 늘 새로운 것에 도전했고 실패를 두려워하지 않았습니다. 그 결과, 디즈니는 애니메이션계의 대명사가 되었죠. 다음은 디즈니가 그림을 그리기 시작했을 때의 일화입니다.

표현은 거칠지만 책임감 강하고 부지런한 아버지였던 엘리아스 디즈니는 자식들의 자립심을 키우기 위해 어렸을 때부터 집안일을 시키고 일을 한 대가로 용돈을 주었습니다.

허버트와 레이몬드는 밭을 갈고, 로이는 씨를 뿌려라.

아버지, 오늘은 좀 쉬게 해 주세요. 어깨가 너무 아파요.

그래?
그럼 쉬어도 좋다.
정말요?
정말이죠?

대신 오늘 저녁은
굶는 거다.
아버지,
정말 너무해요!

시끄럽다.
일하지 않는 녀석은
먹을 자격도 없어.
일을 하든지, 굶든지
알아서 해.

방해 말고
저리 비켜!
월트는 아버지가 무섭기만 했어요. 월트는 명랑하고 거침없는 성격이었지만 아버지 앞에서만은 항상 주눅이 들었어요.
가서 오리 먹이나
주거라. 오리가
도망가지 않게
잘 단속하고!
네.

비록 아버지가 무서워서 시작한 일이었지만
월트는 가축을 돌보는 시간이 행복했어요.
그림 그리기를 좋아했던 월트가 그림을
마음껏 그릴 수 있는 유일한 시간이었기
때문이에요.
월트는 가축들의 이름을 지어 주고
친구처럼 대했어요.
짐, 너랑 똑같이 생겼지?
꽥꽥!
뭐? 안 닮았어? 제대로 보고 말해.
자, 봐. 여기 입도 똑같고, 발도 똑같잖아. 그렇지?
변변한 미술 도구 하나 없던 월트는 버려진
나무판자나 땅바닥에 그림을 그렸어요.
이 그림들은 훗날 월트 디즈니가 만들어 낼
많은 동물 캐릭터들의 시초가 되었습니다.
꽥꽥!

월트는 고약한 냄새가 나는 타르를 페인트로 착각해 사고를 치고 맙니다.

네 이놈!
뭘 하는 게냐!
남의 마구간을
망칠 셈이냐?
죄송해요. 전 이게
페인트인 줄 알고…….
잘 그릴 수 있어요.
기회를 주세요, 네?
정 그렇다면 한번 그려
보거라. 대신 형편없는
그림이 나온다면
각오해야 한다.
네!

다 됐어요, 할아버지.
어디 보자.
허허허, 제법이구나. 아주 잘 그렸어. 멋진 그림을 받았으니 값을 제대로 쳐줘야지.
자, 받아라.
아니에요! 제가 할아버지 마구간을 망쳤잖아요. 받을 수 없어요.
어허, 받으래도.
헤헤헤, 감사합니다!
허허, 녀석….
처음으로 그림을 그려 돈을 벌게 된 월트는 기뻤습니다. 그 후로도 종종 마을 사람들에게 그림을 그려 주고 용돈을 벌었습니다.
형! 나 커서 화가가 될 거야. 좋아하는 그림을 그리면서 돈도 벌 수 있어.
그래, 넌 꼭 훌륭한 화가가 될 거야.
월트는 그 일을 계기로 막연히 그림을 그리는 직업을 꿈꾸기 시작했습니다.

I. 조목조목 인물 탐험

월트 디즈니에 관한 다음 글을 읽고 물음에 답하세요.

월트 디즈니는 1901년, 미국 일리노이주 시카고에서 엘리아스 디즈니와 플로라 콜의 넷째 아들로 태어났어요. 여섯 식구가 함께 살았던 디즈니네 집은 무척 가난했습니다. 여동생이 태어나고 형편이 더욱 어려워지자 식구들은 디즈니가 네 살이 되던 해에 미주리주 마르셀린 외곽의 농장으로 이사를 했습니다.

상상력이 풍부했던 디즈니에게는 그곳 농장의 모든 동물들이 친구였습니다. 디즈니는 동물들도 말을 할 수 있다고 믿었고, 동물들에게 이름을 지어 주고 그림을 그려 주며 친구처럼 지냈지요. 바로 그 그림들이 디즈니가 만들어 낸 수많은 동물 캐릭터의 시초였습니다. 이런 디즈니의 상상력과 창의력은 초등학교 미술 시간에 그 진가를 발휘했습니다. 다른 친구들은 모두 동물의 생김새를 그대로 따라 그렸지만, 디즈니는 단순히 동물의 생김새를 그리긴 싫었지요. 그래서 사람과 같은 형상을 한 오리를 그려 선생님과 친구들을 놀라게 했습니다.

그 후, 어른이 된 디즈니는 1934년, 할리우드에서 아무도 하지 못했던 일에 과감히 도전했습니다. 처음으로 장편 애니메이션을 만든 것이었죠. 그 첫 번째 주인공이 바로 〈백설 공주와 일곱 난쟁이〉었어요. 이 애니메이션이 개봉하자, 관객들의 반응은 폭발적이었습니다. 1937년 개봉된 〈백설 공주와 일곱 난쟁이〉는 10개 국어로 번역되어, 46개국에 배급되는 기록을 세우기도 했습니다.

하지만 디즈니는 기술 투자에 너무 많은 돈을 쏟아부어 스튜디오가 망하고, 노조가 파업을 하기도 하면서 현실성 없는 사람 취급을 받기도 했습니다. 이런 열악한 환경에서도 디즈니는 다른 사람의 시선이나 평가를 두려워하지 않았고, 스스로를 부끄러워하지 않았습니다. 그는 실패를 두려워하지 않았거든요. 오히려 실패의 경험을 바탕으로 오뚝이처럼 새롭게 도전했습니다.

그 결과, 디즈니는 평생 동안 29개의 오스카상과 4개의 에미상, 어빙 탤버그상, 대통령이 주는 자유 메달, 프랑스 레종 도뇌르 훈장 등 700개가 넘는 상과 표창장, 명예 학위를 받았습니다.

이렇게 디즈니는 애니메이션계의 전설이 되었죠. 그림 그리는 재주와 기발한 상상력, 성공하겠다는 강한 집념과 끈기밖에는 가진 게 없었던 소년, 천재 애니메이터, 할리우드 최고의 사업가이자 예술가로 남은 전설의 사나이, 그리고 귀여운 생쥐와 짓궂은 오리 등 수많은 개성 넘치는 캐릭터들을 통해 어린이들에게 꿈과 환상을 심어 준 사람. 항상 새로운 것에 도전하고 실패를 두려워하지 않는 자신감으로 애니메이션의 대명사가 된 그 이름은 바로 월트 디즈니입니다.

1 **월트 디즈니의 직업으로 볼 수 없는 것은 무엇인가요?**

① 사업가
② 예술가
③ 운동선수
④ 애니메이터
⑤ 캐릭터 디자이너

2 **월트 디즈니에 대한 설명으로 옳은 것은 무엇인가요?**

① 어릴 때부터 바닷가에서 어부로 일했다.
② 〈신데렐라〉를 첫 번째로 개봉했다.
③ 월트 디즈니가 했던 사업은 항상 성공했다.
④ 사람과 같은 형상을 한 거북이를 그려 선생님과 친구들을 놀라게 했다.
⑤ 개성 넘치는 캐릭터들을 통해 어린이들에게 꿈과 환상을 심어 주었다.

3 **월트 디즈니가 자신의 인생 목표를 달성할 수 있었던 이유로 알맞지 않은 것은 무엇인가요?**

① 상상력과 창의력
② 과감한 도전정신
③ 포기하지 않는 오뚝이 정신
④ 디즈니랜드에 대한 환상
⑤ 성공하겠다는 강한 집념과 끈기

▶ 정답: 214쪽

Ⅱ. '나'와 월트 디즈니

STEP 1

감성 표현하기

디즈니와 같이 감성이 뛰어난 사람은 같은 사물을 보고도 다른 방식으로 표현할 수 있어요. 여러분도 디즈니처럼 어떤 사물을 자신만의 감성으로 표현해 본 적이 있는지 생각해 보세요.

월트 디즈니는 이랬어.

디즈니는 어려서부터 상상력이 풍부했어. 그림 그리기를 좋아한 디즈니에게는 농장의 모든 동물들이 친구였지. 그는 동물들도 말을 할 수 있다고 믿었고, 동물들에게 이름을 지어 주기도 했어.

디즈니의 이런 상상력과 창의력은 초등학교 미술 시간에 그 진가를 발휘했어. 다른 친구들은 모두 동물의 생김새를 그대로 따라 그렸지만, 디즈니는 단순히 동물의 생김새를 그리긴 싫었어. 그래서 사람과 같은 형상을 한 오리를 그려 선생님과 친구들을 놀라게 했어.

너는 어땠어?

감정 표현 연습

감정은 눈에 보이지 않지만, 다양한 방법으로 표현할 수 있어요. 여러분은 어떤 상황에서 행복을 느끼는지 빈칸에 써 보세요.

〈보기〉 나는 ___나는 맛있는 음식을 먹을___ 때 행복해요.

- 나는 ______________________ 때 행복해요.
- 나는 ______________________ 때 행복해요.
- 나는 ______________________ 때 행복해요.

STEP 2

나만의 감정 알아보기

아래 감정 나무에는 여러 가지 감정을 나타내는 단어들이 나뭇잎으로 매달려 있어요. 나뭇잎 중에서 여러분이 자주 쓰는 단어는 빨간색으로 색칠하고, 자주 쓰지 않는 단어는 초록색으로 색칠해 보세요.

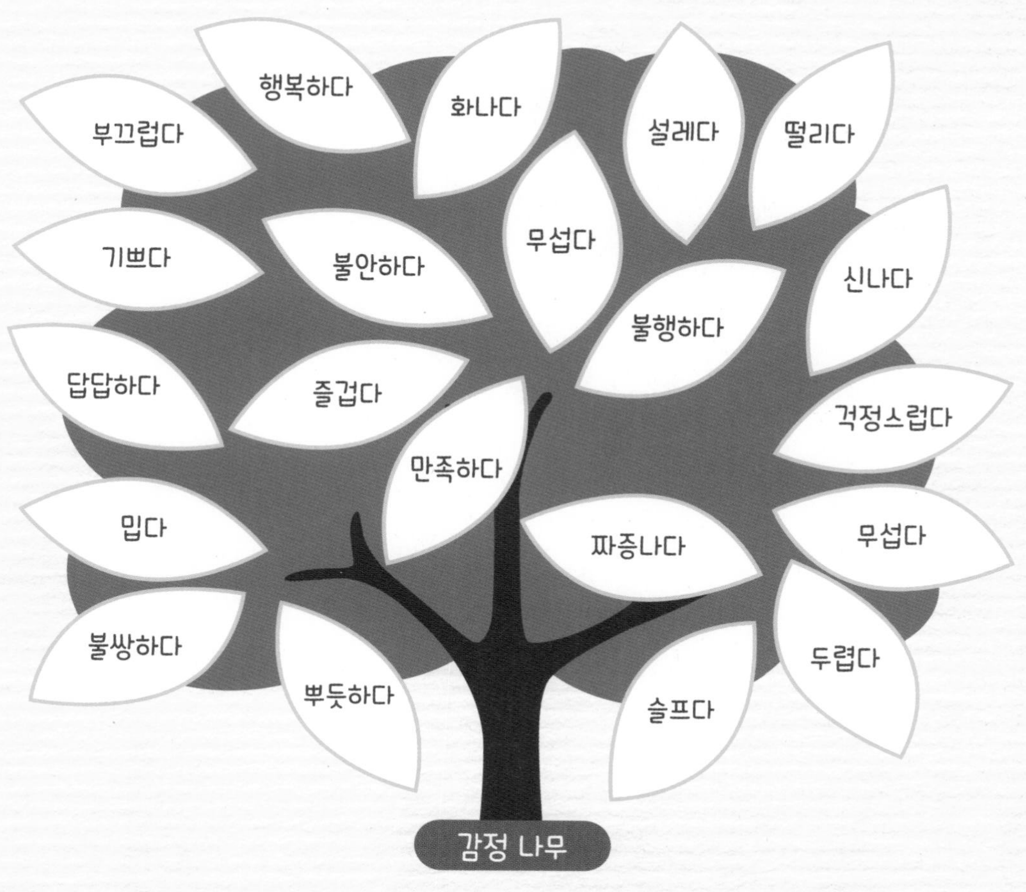

월트 디즈니를 떠올려 봐. 디즈니는 특유의 감성과 기발한 상상력으로 애니메이션계에 수많은 캐릭터를 탄생시켰고, 디즈니랜드를 만들어 자신의 꿈을 실현했어. 성공하겠다는 강한 집념과 끈기밖에는 가진 게 없었던 소년이었지만 훗날 천재 애니메이터, 할리우드 최고의 사업가이자 예술가로 남게 되었지. 이 모든 것은 디즈니의 예술적인 감수성과 독창성 덕분이었어. 너도 사물을 너만의 방식과 관점으로 바라보려고 시도해 봐. 지금과는 다른 모습을 발견할 수 있을 거야. 그리고 그런 감성으로 마음을 하나하나 채운다면 삶은 지금보다 더 풍요로워질 거야.

CHAPTER 7

사회성

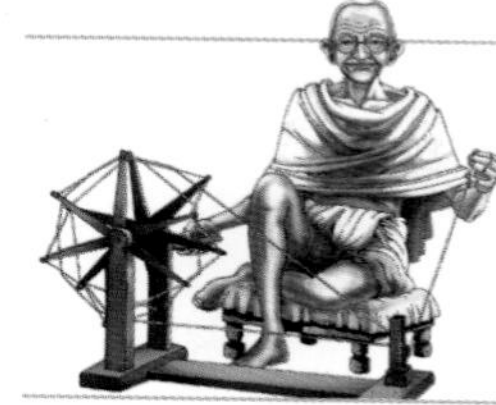

러시아의 대문호

레프 톨스토이

톨스토이는 19세기 러시아 문학을 대표하는 작가이자 사회와 종교 문제에 대해 깊이 고민하던 사상가로서 작품 속에 세월을 뛰어넘는 생명력을 불어 넣으며 세계적으로 존경받는 대문호가 되었습니다. 다음은 톨스토이가 사회적 약자 편에서 활동하기로 결심했던 학창 시절 일화입니다.

돈 많은 귀족 출신인 톨스토이 형제들은 마음만 먹으면 무엇이든 할 수 있었습니다. 하지만 이들의 고민을 들어주고 해결해 줄 어른은 아무도 없었습니다.

하고 싶은 것이 딱히 떠오르지 않아. 나는 지금까지 뭘 하고 산 걸까?

톨스토이 자네 이야기는 익히 들었네.

다른 귀족들과 파티에 다니느라 성적이 안 좋았다고?

후~

죄송합니다, 교수님. 지금 많이 후회하고 있습니다.

허허! 괜찮네. 앞으로 열심히 하면 되지 뭐. 그런 의미에서 톨스토이 자네에게 과제를 주겠네.
스윽

예카테리나 2세의 《훈령》과 몽테스키외의 《법의 정신》을 읽고 보고서를 제출하도록!
예카테리나 2세 훈령
법의 정신
툭

예카테리나 2세는 18세기 후반에 러시아를 다스렸던 여제잖아? 몽테스키외는 입법, 사법, 행정의 삼권 분립을 주장한 프랑스 학자이고.

맙소사!

예카테리나는 귀족들의 이익을 위해 농민들을 마음껏 부린 나쁜 독재자였네.
호호호호! 농민들에게 돈을 두 배로 갖다 바치라고 해라!

쿵
감히 내 명령을 거역해? 너희 농민들은 평생 동안 귀족을 위해 열심히 일하며 살아야 한다는 사실을 잊은 게냐?

아아, 농노 제도의 실체가 이런 거였구나. 우리 집 농노들을 생각하니 너무 괴로워!
찌릿

내가 너무 세상을 모르고 살았어. 더 많은 공부가 필요해.
뒤적
뒤적

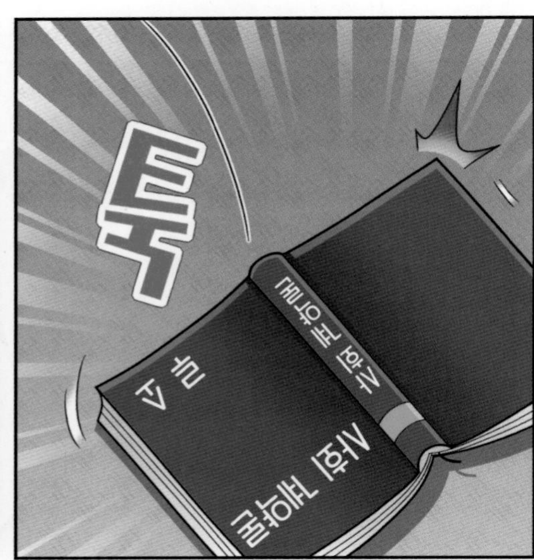

툭

응? 프랑스의
천재 계몽 사상가
루소?
슥
사회 계약론

그래.
우리 사회는
너무나 불평등해.
불평등한 사회를
바로잡기 위해서는
사회 구조가
바뀌어야 해.

'인간의 본성을
찾기 위해 자연으로
돌아가라?'
정말 멋진 말인걸!
둥~
사회 계약론

책 읽어야 한다며
좋아하는 파티에도
안 가겠대.
톨스토이가
변했어.
속닥
속닥
낑
낑
좋아.
도서관에 있는
루소의 책을 모조리
읽고 말 테다!

그동안 방탕한 생활을
한 게 너무 부끄러워.
다시 나태해지지 않도록
매일 일기를 쓰자.
일기장

톨스토이가 열아홉 살부터 쓴 일기는 그가
불후의 명작들을 남길 수 있는 밑거름이 되었습니다.

사람이 존재하는 목적은
과연 무엇인가?
삶의 목적을 찾지 못한다면
나는 세상에서 가장
불행한 사람이 될 것이다.

슥슥

오랜만이야,
레프!
덜컹

와락
형! 먼 곳까지
어쩐 일이야?

레프, 재산 상속 문제가
마무리돼서 왔어. 너에게
야스나야 폴랴나 영지가
주어졌어.
세르게이는 말을 좋아해서
피고로보 영지를,
드미트리는 쿠르스크
영지를, 나는 니콜스코를
물려받았지.
띵~

레프, 넌 이제부터
야스나야 폴랴나
영지의 주인이야.
농노들과 하인들을
잘 다스리고 영지를
관리하도록 해.
툭

아, 내가
야스나야 폴랴나
영지의 주인이라고?

그래! 지금 당장 야스나야 폴랴나로 돌아가자.
가서 불쌍한 농노들을 잘 보살피는 훌륭한 영주가 되겠어! 지금 대학에서 공부하는 것보다 그것이 훨씬 가치 있는 일일 거야.
불끈

영지를 돌보기 위해 학교를 그만둔다고?
죄송합니다, 교수님. 힘없는 농노들을 보살피는 것이 현재 저에게 가장 가치 있는 일이라고 생각했습니다.
슥
음…….

아닐세. 다른 사람을 위해 살 때 내 삶의 가치도 살아난다는 사실을 깨닫다니, 자네가 너무 기특하네.
슥

메이어 교수님은 제게 삶의 목표를 일깨워 준 유일한 분이십니다. 교수님을 절대 실망시키지 않겠습니다.
꾸벅

톨스토이는 대학교 3학년 때 학교를 그만두고,
더 가치 있는 삶을 살기 위해 야스나야 폴랴나로 돌아갑니다.

I. 조목조목 인물 탐험

레프 톨스토이에 관한 다음 글을 읽고 물음에 답하세요.

19세기 러시아 문학을 대표하는 작가이자 사회와 종교 문제에 대해 깊이 고민하던 사상가인 레프 톨스토이는 1828년 러시아 명문 귀족 집안의 넷째 아들로 태어났습니다. 톨스토이는 부유한 어린 시절을 보냈지만, 부모님을 일찍 떠나보내는 가슴 아픈 경험을 했습니다. 그래서 삶의 목표를 잃은 채 오랜 시간 방황하기도 했지요. 하지만 그는《전쟁과 평화》같은 위대한 소설을 연이어 발표하면서 세계적인 명성을 얻었고, 노년에는 농노 해방 운동에도 앞장서면서 많은 지식인들로부터 찬사를 받았습니다. 톨스토이는 어떻게 고난과 역경을 이겨 내고 이처럼 세계적인 대문호가 될 수 있었을까요?

죽음을 다룬 소설을 많이 쓴 톨스토이

톨스토이는 삶의 의미에 대해 깊이 고민하던 작가로서 그의 작품에 등장하는 주인공들은 대부분 비극적으로 죽음을 맞이하는 경우가 많은데요. 그 이유는 다음과 같습니다. 앞에서도 언급했듯이 톨스토이는 일찍이 부모님을 여의었습니다. 톨스토이의 어머니는 그가 두 살 되던 해에 막내 여동생을 낳고 사망했으며, 아버지는 톨스토이가 아홉 살이 되던 해에 출장을 떠났다가 갑자기 세상을 떠나고 맙니다. 톨스토이는 사랑하는 가족의 연이은 죽음에 큰 충격을 받으면서도 죽음의 의미와 죽음을 맞이하는 자세 등에 대해 스스로 깊은 고민을 하게 됩니다. 그리고 훗날 이런 생각들을 작품에 녹여 냄으로써 삶과 죽음의 경계를 넘나드는 위대한 걸작들을 발표했습니다.

그 가운데 톨스토이 문학의 최고봉으로 평가되는《전쟁과 평화》는 1812년에 있었던 나폴레옹의 러시아 침략을 소재로 한 장편 소설로 당시 실제로 벌어졌던 주요 전투들을 상세히 다루고 있습니다. 이 소설은 등장인물만 599명에 달하는 거대한 휴먼 드라마이기도 한데요. 톨스토이는《전쟁과 평화》에서 수많은 등장인물을 하나하나 생생하게 묘사함으로써 '인물의 백과사전'이라는 별명을 얻기도 했습니다. 작품을 구상하고 집필하는 데만 13년이라는 시간이 걸린《전쟁과 평화》는 총 4권으로 구성되어 있으며, 소설 전반에는 나폴레옹의 러시아 침공과 조국 전쟁의 이야기가 펼쳐지고, 후반에는 전쟁으로 불바다가 된 모스크바와 프랑스군의 퇴각, 그리고 민중과 병사, 귀족들의 이야기가 그려집니다.

그 밖에도 톨스토이는 사회 운동가들을 위한 장편 소설을 여러 편 남겼습니다. 1904년 한국의 지배권을 놓고 러시아와 일본이 전쟁을 벌였을 때도, 톨스토이는 〈다시 생각하라〉라는 제목의 글을 써서 두 나라의 그릇된 행태를 강하게 비판했습니다. 이 책은 공식적으로는 발표가 금지되었지만, 비밀리에 출판되어 러시아 전역에 널리 보급되기도 했지요. 그는 귀족 출신임에도 불구하고 항상 자신보다 낮은 지위에 있는 사회적 약자 편에 섰습니다. 톨스토이는 인간을 억압하는 사회 제도, 잔인한 문명, 위선에 빠진 종교를 정면으로 비판했고 인간성 회복을 위해 끊임없이 노력했습니다. 그러면서 인간답게 사는 길은 오직 서로 사랑하는 것에 있다고 믿었습니다. 이런 고귀한 정신은 톨스토이의 작품들 속에 세월을 뛰어넘는 생명력을 불어 넣으며 그를 러시아인들의 정신적 지주로 남게 했습니다. 그래서 오늘날에도 많은 이들이 그 작품들을 통해 그의 숭고한 정신을 배우고 있습니다.

1 **톨스토이의 직업은 무엇인가요?**

① 군인
② 정치가
③ 음악가
④ 작가
⑤ 미술가

2 **톨스토이에 대한 내용으로 알맞지 않은 것은 무엇인가요?**

① 러시아의 명문 귀족 집안에서 태어났다.
② 어린 나이에 부모님을 잃게 되었다.
③ 13년에 걸쳐서 전쟁과 평화라는 작품을 저술했다.
④ 귀족 출신이지만 사회적 약자 편에 섰다.
⑤ 인간성의 회복보다는 종교가 중요하다고 믿었다.

3 **톨스토이가 자신의 작품에 고귀한 정신을 불어 넣을 수 있었던 이유로 알맞지 않은 것은 무엇인가요?**

① 귀족 출신으로 항상 귀족들의 중요성을 이야기했다.
② 위선에 빠진 종교를 정면으로 비판했다.
③ 인간성 회복을 위해 끊임없이 노력했다.
④ 인간을 억압하는 사회 제도, 잔인한 문명을 비판했다.
⑤ 항상 자신보다 낮은 지위에 있는 이들을 보호했다.

▶ 정답: 214쪽

Ⅱ. '나'와 레프 톨스토이

STEP 1 사회성 이해하기

사회성이란 한 개인이 사회에 원만하게 적응하며 다른 사람과 긍정적으로 관계를 형성하는 것을 뜻해요. 사회성을 기르기 위해서는 다른 사람의 말을 경청하고 소통하면서 갈등을 해결할 수 있어야 하지요. 귀족이었던 톨스토이는 사회적 약자들의 고통을 외면하지 않고 도와주고 해결해 주기까지 했습니다. 여러분도 톨스토이처럼 어려운 상황에 처한 사람을 도와준 적이 있는지 생각해 보세요.

레프 톨스토이는 이랬어.

톨스토이는 농장을 경영했지만 귀족들의 횡포로 고통받는 농민들의 비참한 삶을 보고 큰 충격에 휩싸였어. 당시 농민들은 영토를 소유하고 있는 귀족들의 손아귀에서 쉽사리 벗어날 수 없었고, 감당할 수 없는 세금을 꼬박꼬박 바쳐야 했거든. 농민들의 마음을 이해하는 따뜻한 마음씨를 지녔던 톨스토이는 그들의 고통을 외면할 수 없었지. 그래서 그는 농민들의 삶을 개선하고자, 야스나야 폴랴나에 그들의 자녀를 위한 학교를 짓고, <야스나야 폴랴나>라는 신문을 만들어 농민들에게 자신의 교육관을 심어 주기도 했어.

또한, 톨스토이는 사회 운동가들을 위한 장편 소설도 여럿 남겼어. 1904년 한국의 지배권을 놓고 러시아와 일본이 전쟁을 벌였을 때도 톨스토이는 <다시 생각하라>라는 제목의 글을 써서 두 나라의 그릇된 행태를 강하게 비판하기도 했지.

너는 어땠어?

다른 사람의 상황 이해하기

대화할 때는 말뿐만 아니라 표정, 목소리, 몸짓으로도 공감할 수 있어요. 아래 사진을 보고, 사진 속 친구가 어떤 감정인지 적어 보세요.

주변 인물 떠올리기

아리스토텔레스는 '인간은 사회적 동물'이라고 했습니다. 세상은 혼자 사는 것이 아니라 나 자신과 가족, 친구들, 선생님과 함께 이 사회에 속해서 살아가고 있지요. 여러분의 주변 인물을 생각해 보고 다음 관계도에 그 인물들을 넣어 보세요.

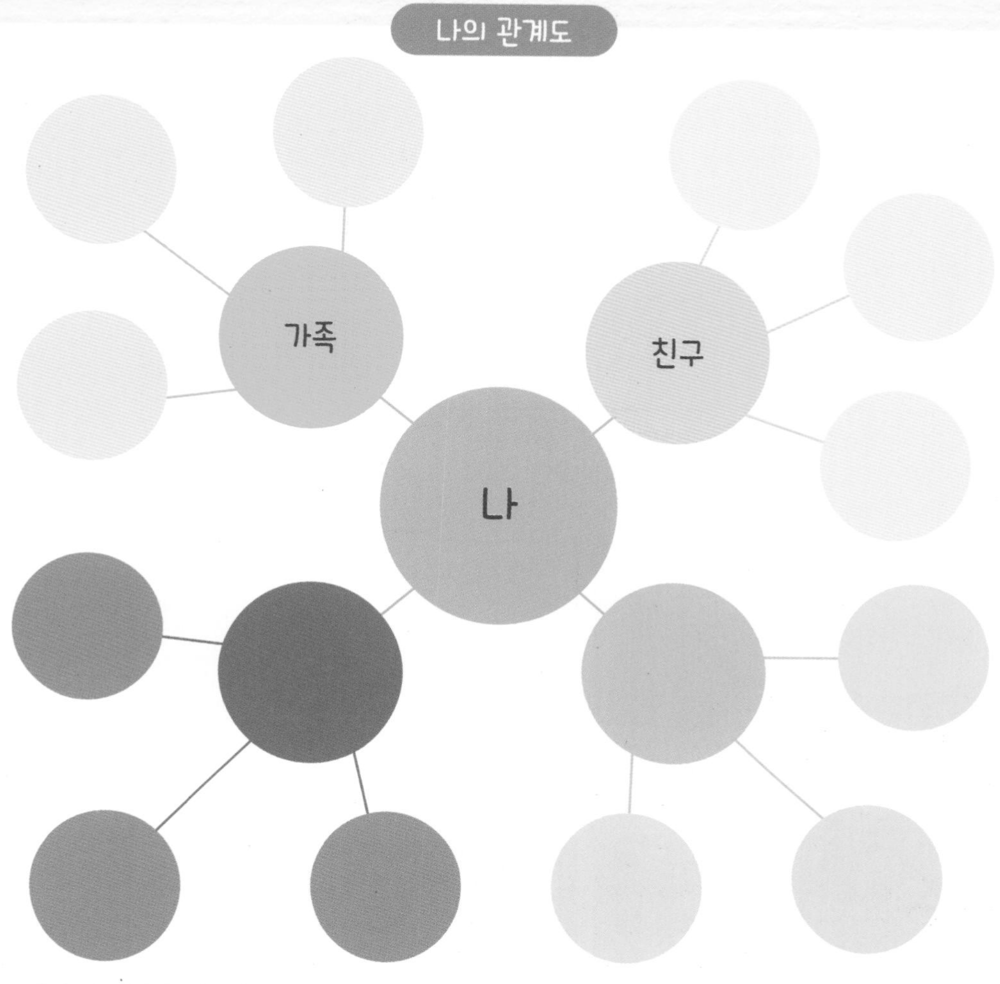

톨스토이를 떠올려 봐. 톨스토이는 귀족 집안에서 태어나서 부유하게 살았지만, 가난한 농민들을 외면하지 않았어. 오히려 그들의 처지를 이해하고 공감하며 배려했지. 그뿐만 아니라 사회 전체의 문제를 해결하기 위해 노력하면서 그런 그의 생각을 여러 작품으로 남겼어. 사람은 혼자 살 수 없어. 모든 사람에게 관심을 기울이는 것이 어렵다면 일단 가까운 사람들의 말을 경청하는 것부터 시작해 봐.

미국 풍자 문학의 대가

마크 트웨인

마크 트웨인은 어려운 집안 형편 때문에 변변한 교육조차 받지 못했습니다. 하지만 그는 긍정적인 생각으로 늘 모험을 꿈꾸며 어려움을 극복했고, 미국을 대표하는 세계적으로 유명한 작가가 되었습니다. 다음은 마크 트웨인이 강한 모험심을 가진 소년이었던 시절의 일화입니다.

마크 트웨인의 본명은 새뮤얼 랭혼 클레멘스였고, 사람들은 어린 시절 그를 샘이라고 불렀습니다. 샘은 강한 모험심으로 동네에서 유명한 개구쟁이였습니다.

에구구~, 엉덩이에 감각조차 없다.

야, 샘! 너 오늘 된통 재수 없는 날이었다며?
말 걸지 마. 나 지금 엉덩이 요양이 필요해서 당분간 같이 못 놀아.

다음 주에 마을 어른들이 동굴 관광 간다고 하던데 넌 못 가겠네?

못 가긴 왜 못 가! 엉덩이는 하룻밤만 자면 다 가라앉는다고!

날짜 정해지면 연락해.
알았어.

어른들과 함께
있다가 몰래 떨어져
나오는 거야.
그래서 옛날에
해적들이 숨긴
보물을 찾는 거지.

그런데 보물을
찾으면 해적 유령들이
화내지 않을까?
으하하하!
그건 걱정 마!

우리 클레멘스 집안 조상 중에는
엘리자베스 여왕 시대에 해적
선장을 지낸 분도 있었대. 그러니까
해적 유령쯤은
하나도 겁 안 나.

우아!

샘은 집안에 전해져 오는 조상들의
모험담을 매우 좋아했습니다.
나를 따르라!
예! 선장님!

그리고 자신도 유명한 해적이
되고 싶다고 생각했습니다.
야, 꼬맹이들!
빨리 오지 않으면
우리끼리만 간다.
지금 가요.

어른들은
앞쪽에 있어.
그럼 우린
중간에
다른 길로
가자.

까악!

으아아아!

동굴은 재미있으면서도 으스스했습니다. 의사가 표본으로 만든 시체 모형이 구경거리로 걸려 있기도 했습니다.
바, 방금
그건 뭐였지?
저게 그 유명한
동굴 속 소녀
시체였나 봐.

그런데
여긴 어디야?
크, 큰일 났다!

정신없이 도망치느라
길을 잃어버렸어!
뭐라고?

불도 거의
꺼지겠어.
우리 이러다
집에도 못 가고
굶어 죽는 거 아냐?

괜찮아. 혼혈인
'인준 죠'도 동굴에서
길을 잃었지만
구조될 때까지 박쥐를
잡아먹으면서
버티었다고 하잖아.
맞아.
인준 죠가
나한테도 직접
그 얘기해 줬어.

그런데
박쥐를……
먹을 수 있을까?

으아악!

샘은 모험심이 지나친 나머지
해적의 보물을 찾는다며 동굴
안을 멋대로 돌아다니다가 길을
잃었습니다.
으악! 괴물이다!

여기, 애들을
찾았어요!
?

허, 참.
으앙!
감사해요!

이때의 모험과 경험은 《톰 소여의 모험》 속에서 생생하게 묘사되기도 했습니다.

샘! 나중에 보자!

샘!

해니벌은 개구쟁이들에게 최고의 놀이터를 제공했습니다. 샘은 강이 내려다보이는 숲에서 인디언이나 로빈 훗을 흉내 내며 놀았습니다.
야호!

내 칼을 받아라!
으윽!

우린 숲의 용사들! 나쁜 귀족을 물리치고 자유를 되찾았다!
와아!

샘은 해니벌의 놀이터를 '사내아이의 낙원'이라고 불렀습니다. '사내아이의 낙원'은 샘의 모험심과 상상력의 원천이 되었습니다.

해니벌에서 길러진 이 모험심은 평생 동안 계속되었습니다.

샘이 훗날 발표한 모험소설 《톰 소여의 모험》은 샘의 어릴 적 이야기를 바탕으로 한 자전적 이야기나 마찬가지였습니다.

또한 소설의 주인공 톰 소여는 샘의 어릴 적 개구쟁이 친구들의 성격을 모두 합친 인물이었습니다.

해니벌에서 지낸 자유분방한 소년 시절이 없었다면 훗날 마크 트웨인을 있게 한 소설들은 나오지 못했을 것입니다.

I. 조목조목 인물 탐험

마크 트웨인에 관한 다음 글을 읽고 물음에 답하세요.

마크 트웨인은 1835년, 미국 미주리주에서 변호사 겸 상인이었던 존 마셜 클레멘스와 인자하고 상냥한 성격의 제인 램프톤 클레멘스 사이에서 태어났어요. 어릴 적 마크 트웨인은 어려운 집안 형편 때문에 변변한 교육조차 받지 못했습니다. 하지만 그는 긍정적인 생각으로 늘 모험을 꿈꾸며 어려움을 극복해 나갔습니다. 자신이 가진 글재주로 어려운 사람을 돕겠다고 결심한 그는 특유의 유머러스한 글로 사람들의 마음을 사로잡았고, 훗날 미국을 대표하며 전 세계를 열광시키는 작가가 되었습니다.

초창기 마크 트웨인의 글은 그가 정식 교육을 받지 못했다는 이유로 교육적 가치가 없다는 악의적인 비평을 듣기도 했습니다. 그럼에도 불구하고 마크 트웨인은 미국뿐만 아니라 전 세계적으로 인기 있는 유명한 작가로 문학사에 이름을 남겼습니다. 과연 마크 트웨인의 어떤 점이 그를 세계적인 문학가로 만들었을까요?

어린 시절 마크 트웨인은 늘 부모님이 불안해할 정도로 강한 모험심을 가진 아이였습니다. 물에 빠져 죽을 뻔한 게 아홉 번이나 됐고, 끝을 알 수 없는 동굴에서 길을 잃고 미아가 될 뻔한 적도 있었어요. 학창 시절의 그는 수업을 자주 빠지곤 했지만 철자 맞추기 수업만큼은 빠지지 않고 들을 정도로 글쓰기와 독서를 좋아했습니다. 만약 책을 좋아하지 않았다면 초등학교도 제대로 졸업하지 못한 마크 트웨인은 작가로서 성공하지 못했을 거예요. 하지만 마크 트웨인은 독서와 글쓰기를 통해 자기 약점을 극복하고 위대한 문학가로 이름을 남길 수 있었습니다.

한편, 마크 트웨인은 현실을 긍정적으로 바라보는 매우 낙천적인 성격을 가지고 있었습니다. 아무리 어려운 일이 있어도 자기 운명을 저주하기보다는 앞으로 더 좋은 일이 있을 거라고 생각하며 즐겁게 지내려고 했지요. 심지어 자신의 불행조차도 유머 소재로 삼을 정도로 여유로운 마음을 가지고 있었습니다. 그는 기존 문학이 가진 정서를 깨는 데도 주저하지 않았습니다. 당시 교양인들이 기피하던 사투리 표현이나 인종 문제도 서슴없이 다루었습니다. 그래서 마크 트웨인의 작품을 보면 유머러스하면서 사회의 어두운 면을 고발하는 내용이 많습

《허클베리 핀의 모험》(1884년 발표)

니다. 유쾌한 소년 소설로 여겨지는 《톰 소여의 모험》이나 《허클베리 핀의 모험》에도 당시 미국의 가장 큰 사회 문제였던 노예 제도의 부당함을 다뤘을 정도입니다. 마크 트웨인은 자신의 글을 통해 적극적으로 사회 문제를 언급하면서 세상이 옳은 방향으로 나아가길 주장했습니다. 그 때문에 마크 트웨인은 양심적인 위대한 문학가로 기억되고 있지요.

마크 트웨인은 세상을 떠났지만 그가 남긴 작품은 여전히 전 세계 소년 소녀들의 마음을 사로잡으며 미국 제일의 문학으로 평가받고 있습니다.

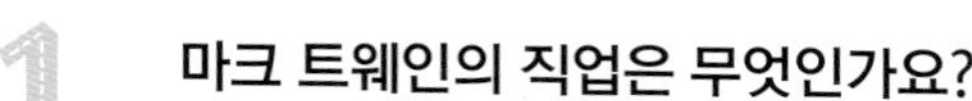

1 마크 트웨인의 직업은 무엇인가요?

① 변호사
② 가수
③ 연극배우
④ 운동선수
⑤ 작가

2 마크 트웨인에 대한 내용으로 알맞은 것은 무엇인가요?

① 1835년 캐나다에서 태어났다.
② 어려운 형편 때문에 변변한 교육조차 받지 못했다.
③ 학교 수업을 자주 빠져서 졸업을 하지 못했다.
④ 당시 교양인들이 기피하던 사투리 표현이나 인종 문제는 기피했다.
⑤ 마크 트웨인의 작품은 미국에서만 알려져 있다.

3 마크 트웨인이 위대한 문학가로 기억되는 이유가 아닌 것은 무엇인가요?

① 낙천적인 성격
② 강한 모험심
③ 사회에 대한 관심
④ 미국 사회에 대한 만족
⑤ 독서와 글쓰기

▶ 정답: 214쪽

Ⅱ. '나'와 마크 트웨인

STEP 1

사회성 기르기

사회성을 기른다는 말은 내 주변에 있는 사람과 긍정적인 관계를 맺는다는 말이고, 더 나아가 우리 지역, 우리나라를 긍정적으로 생각하며 살아간다는 뜻입니다. 마크 트웨인은 어려운 상황을 피하지 않고 긍정적으로 마주해서 훌륭한 작품들을 남겼지요. 여러분도 마크 트웨인처럼 어려운 상황을 피하지 않고 마주한 적이 있는지 생각해 보세요.

마크 트웨인은 이랬어.

마크 트웨인의 작품을 보면 유머러스하면서 사회의 어두운 면을 고발하는 내용이 많아. 유쾌한 소년 소설로 여겨지는 ≪톰 소여의 모험≫이나 ≪허클베리 핀의 모험≫도 당시 미국의 가장 큰 사회 문제였던 노예 제도의 부당함을 다뤘어. 마크 트웨인은 노예 제도뿐만 아니라 강대국들이 경제적 기반으로 이용했던 식민지 정책 등 사람들이 입에 올리기조차 꺼리는 일들을 당당하게 비판했어. 또한, 여성들의 인권 신장을 주장하기도 했지. 우리가 민주주의 선진국으로 알고 있는 유럽이나 북미에서 식민지 정책을 포기한 것은 제2차 세계 대전 이후였고, 여성이 투표할 수 있는 권리가 생긴 것도 20세기 초가 되어서 가능해진 일이야. 그러므로 그보다 앞서 이러한 주장을 한 마크 트웨인은 시대를 앞서간 혁명적인 작가라고 볼 수 있지.

너는 어땠어?

다른 사람의 감정에 공감하기 아래 사진을 보고, 사진 속 인물의 감정을 유추해서 적어 보세요.

사회성 기르기 연습

대화를 잘 하려면 다른 사람의 말을 적극적으로 들어야 합니다. '적극적 듣기'는 상대방의 말에 귀 기울이며, 자신이 듣고 이해한 내용을 다시 말하는 방식입니다. 적극적 듣기의 단계에 따라 다음 빈칸에 들어갈 말을 적어 보세요.

〈보기〉

상대방의 말		학교에서 친구들과 어울리는 게 힘들어요.
적극적 듣기	1. 흉내 내기	친구들과 어울리는 게 힘들구나.
	2. 들은 내용 재구성하기	학교에서 친구들과 잘 지내는 데 어려움이 있나 보네.
	3. 감정 나타내기	너는 친구들과 노는 것이 곤란하고 괴롭구나.
	4. 내용 재구성 및 감정 나타내기	학교에서 친구들과 잘 지내는 게 어려워서 정말 괴롭겠네.

상대방의 말		내일 영어 말하기 대회가 있는데, 준비를 다 하지 못해서 걱정이야.
적극적 듣기	1. 흉내 내기	
	2. 들은 내용 재구성하기	
	3. 감정 나타내기	
	4. 내용 재구성 및 감정 나타내기	

이것만은 꼭!

마크 트웨인을 떠올려 봐. 마크 트웨인은 사회 문제에 귀 기울였고, 약자들의 편에 서서 글을 썼어. 그는 글을 통해 적극적으로 사회 문제를 언급하면서 세상이 옳은 방향으로 나아가길 주장했지. 그래서 오늘날까지도 마크 트웨인은 양심적인 위대한 문학가로 기억되고 있어. 마크 트웨인처럼 다른 사람의 말을 경청하며, 어려움이 있으면 함께 해결하려고 노력하는 자세는 네가 이 세상을 살아가는 데 아주 중요하다는 걸 꼭 기억해 둬.

평등과 평화를 사랑한 지도자

마틴 루서 킹

흑인 인권을 넘어 인류 전체의 평등과 평화를 주장한 진정한 지도자였던 마틴 루서 킹은 어릴 적부터 백인들에게 차별받으며 자랐습니다. 그래서 자연스럽게 인종차별을 없애야 한다는 신념을 품게 되었습니다. 다음은 마틴 루서 킹이 인권 운동가로 활동하는 결정적인 계기가 된 어린 시절 이야기입니다.

마틴 루서 킹이 태어난 1929년은 대공황이 시작되던 해였습니다. 이때는 많은 실업자가 생겨나 경제적으로 매우 힘든 시기였습니다.

돈을 주겠다는데 왜 빵을 안 파는 거야!

손님, 밀가루가 없어서 만들 수가 없다니까요. 정말 죄송합니다.

어려움을 모르고 곱게 자란 마틴에게 식량을 얻기 위해 줄을 선 사람들의 모습은 낯선 광경이었습니다.

아빠, 저 사람들 뭐 하는 거예요?

빵을 사려고 줄을 선 거란다. 요즘 경제가 어려워서 먹을 것을 구하지 못하는 사람들이 많거든.

식사할 때마다
왜 감사하는 마음을
가져야 하는지
알겠지?
네.
부자들이
조금씩 나눠 주면
가난한 사람들이
굶지 않아도
될 텐데.

다 왔다, 마틴.
내리자.
끼익

Shoes
먼저 온 손님이
있구나.

여기 앉아서
기다려야겠다.
아니!

이봐, 거긴
백인들 자리야.
어서 비켜!
흑인들 자리는
저 뒤쪽이니까
거기 가서 앉아.
여기서도
차별이군.
이 자리에 앉을 수
없다면 난 여기서
신발을 사지 않겠소!
나가자, 마틴.
아빠…….
나가 보시지!
흑인들 자리 부족한 건
어느 가게에 가도
마찬가지라고!
아빠, 흑인과
백인은 같이 앉을
수 없어요?
그렇단다.
오래전 링컨 대통령이
노예 해방 선언문을 발표했지만 백인들은
짐 크로 법이라는 인종 분리법을 만들어
여전히 우리 흑인들을 차별하고 있어.

흑인들은 돈이 있어도
시내 상점에서 햄버거를
사 먹을 수 없어.

버스 안에서도 흑인과
백인의 자리가 따로
구분되어 있지.

흑인들은 백인들이
다니는 학교에도 다닐 수 없고,
수영장도 이용할 수 없단다.
공원이나 극장에도
갈 수 없어.

심지어 흑인과 백인이
사용하는 화장실까지
따로 있단다.

무슨 말인지
잘 모르겠어요.
우리가 백인들에게
잘못한 게 있나요?
그렇지 않아. 미안하다.
내가 화가 나서 괜한
소릴 했구나.

헤이, 꼬마!
신호 위반이야.
면허증 좀 내놔 봐.
어쩌지?
우리 꼬마는
아직 면허증이
없는데!
흑인이면 어른이든
아이든 상관없이
꼬마라고
부르는 걸
몰라서 그래?
뭐야?
에베니저 교회 목사야.
시끄러워질 수도 있으니
그냥 보내.
뭐? 목사?
봤니, 마틴?
칫, 목사가 별건가?
마음 변하기 전에
어서 가!

부우우웅
이것이 조금 전에 내가 말했던 그 현실이란다.
네…… 아빠.
어린 마틴 루서 킹은 흑인과 백인 사이에 차별이 존재한다는 사실을 어렴풋이 알게 되었습니다.
그리고 학창 시절 책을 읽고 흑인 인권에 눈을 뜨게 됩니다.
마틴! 또 책 읽는구나. 재미있어?
응.
흑인들의 자유를 위해 노력했던 해리엇 터브먼과 위대한 흑인 연설가였던 프레더릭 더글러스의 전기야.
나도 이분들처럼 고통받는 흑인들을 돕고 싶어.
흑인들은 너무 열악한 환경에서 살고 있는 것 같아.
비인간적인 대우를 받으며 다 부서진 창고 같은 집에서 사는 사람들이 대부분이잖아.

I. 조목조목 인물 탐험

마틴 루서 킹에 관한 다음 글을 읽고 물음에 답하세요.

마틴 루서 킹은 1929년 1월 15일, 미국 남부 조지아주 애틀랜타에서 태어났습니다. 어린 시절부터 백인들에게 숱한 차별과 멸시를 받으며 자란 마틴 루서 킹은 자연스럽게 인종차별을 없애야 한다는 신념을 품었지만, 백인들을 미워하지는 않았습니다. 그가 진정 바란 것은 백인들과 싸우는 것이 아니라 그들과 친구가 되는 것이었지요. 마틴은 용서와 화해만이 적을 친구로 만들 수 있는 유일한 힘이라고 믿었습니다.

청년 시절 마틴은 비폭력 저항, 인종 차별 철폐, 식민지 해방 등과 같은 간디의 사상에 깊이 감명받았습니다. 그는 설득력 있는 주장으로 사람들이 비폭력 운동의 의미를 깨닫게 했으며, 많은 지지자들을 얻었습니다. 그리고 뛰어난 리더십으로 흑인 사회의 염원을 하나로 모아 차별에 대항했습니다.

그러던 중, 1955년 몽고메리에서 한 흑인이 버스에서 백인에게 자리를 양보하지 않았다는 이유로 체포되는 사건이 벌어집니다. 마틴 루서 킹은 이러한 사회 부조리와 차별에 대항하기 위해 '버스 승차 거부 운동'을 전개했고, 이 일을 계기로 흑인 지도자로 명성이 높아졌습니다. 당시에 그는 간디의 정신을 받들어 비폭력 저항 운동으로 미국 사회를 통합하고자 노력했습니다. 하지만 극단적인 보수주의 백인 단체에 의해 각종 협박과 수많은 테러 위협에 시달렸고, 심지어 저항하는 방식의 차이로 같은 뜻을 가진 흑인 인권 운동가들로부터 비난을 받기도 했습니다. 그럼에도 불구하고 마틴은 자신이 믿는 바를 굽히지 않는 강한 정신력과 꺾이지 않는 신념이 진정한 용기라고 생각했습니다. 그리고 그 신념을 바탕으로 수많은 인권운동을 이끌었습니다. 그런 그의 노력 덕분에 흑인 인권법과 투표권법 제정이 촉진되기도 했습니다.

마틴 루서 킹은 인권법과 투표권법의 제정을 통해 미국 사회의 통합이 달성되었다고 생각했습니다. 하지만 북부 대도시에서 발생한 흑인들의 반란을 보면서 법과 정치적인 평등만으로는 사회가 완전히 통합되기 어렵다는 것을 깨달았습니다. 그는 오랜 세월 문화적 혜택을 받지 못한 흑인들에게 지식과 경제력이 뒷받침되지 않으면 근본적인 평등은 이루어지지 않는다는 것을 다시금 느꼈습니다. 그래서 사회 구조의 근본적인 변화가 필요하다고 주장했고, 미국이 참전하는 베트남 전쟁에 반대하며 정부를 강력하게 비판했습니다. 그는 이제 흑인 인권을 넘어 인류 전체의 평등과 평화를 주장하고자 했습니다. 그 결과, 마틴 루서 킹은 1964년에 최연소 노벨평화상 수상자가 되었습니다.

하지만 1968년 멤피스에서 연설을 하기 위해 동료 목사를 기다리던 마틴 루서 킹은 발코니에서 암살자의 총탄에 맞아 사망합니다. 평생 흑인들의 인권과 인류의 평화를 위해 달렸던 마틴 루서 킹의 죽음이 알려지자 온 나라는 슬픔과 분노로 가득 찼습니다. 미국 대통령은 마틴 루서 킹의 장례식을 국장으로 선포하여 온 국민과 함께 슬픔을 나눴습니다. 그 후, 미국 국민은 매년 1월 셋째 주 월요일을 마틴 루서 킹 기념일로 정하여 지금도 그의 위대한 정신을 기리고 있습니다. 사랑과 평등을 향한 마틴 루서 킹의 희생과 노력은 세계인들의 가슴에 영원히 남아 있습니다. 인종 차별이라는 벽 앞에서도 자신의 신념을 굽히지 않았던 마틴 루서 킹. 숱한 실패 속에서도 끊임없이 도전한 그의 용기 있는 태도는 오늘날 우리에게도 많은 교훈을 주고 있습니다.

1 **마틴 루서 킹의 직업은 무엇인가요?**

① 신문 기자
② 버스 운전사
③ 인권 운동가이자 목사
④ 초등학교 선생님
⑤ 유명 호텔 요리사

2 **마틴 루서 킹에 대한 내용으로 알맞은 것은 무엇인가요?**

① 어릴 때부터 백인에게 차별을 받으며 자랐다.
② 부유한 백인 가정에서 태어났다.
③ 흑인들에 맞서 백인 인권 신장을 위해 노력했다.
④ 여성과 노약자들을 위해 법을 만들었다.
⑤ 적에게 용서와 화해를 베풀지 않았다.

3 **마틴 루서 킹이 원하던 목표를 달성할 수 있었던 이유로 가장 알맞은 것은 무엇인가요?**

① 어린 시절에 받은 인종 차별
② 베트남 전쟁에 대한 반대
③ 인류 전체의 평등과 평화를 바라는 간절한 마음
④ 미국 사회의 통합을 위해 흑인이 양보해야 한다는 마음
⑤ 백인들과의 전쟁에서 승리하고 싶은 마음

▶ 정답: 215쪽

STEP 1

다른 사람 배려하기

사회성의 핵심에는 '타인에 대한 이해와 친절'이 있어요. 약자를 배려하고, 타인의 입장에서 생각하며 더불어 사는 것은 모든 사회성의 기본이에요. 마틴 루서 킹은 인종 차별을 당했지만 백인들을 미워하지 않고, 오히려 그들에게 관용을 베풀었지요. 여러분은 다른 사람에게 친절을 베풀어 본 경험이 있나요?

마틴 루서 킹은 이랬어.

마틴 루서 킹은 어린 시절부터 백인들에게 숱한 차별과 멸시를 받았지만 그들을 미워하지 않았어. 그가 진정 바란 것은 백인들과 싸우는 것이 아니라 그들과 친구가 되는 것이었지. 마틴은 용서와 화해만이 적을 친구로 만들 수 있는 유일한 힘이라고 믿었어. 그래서 자신을 죽이려 했던 괴한을 미워하기는커녕 그 사람이 처벌받지 않도록 선처를 호소하기도 했어. 이렇게 그는 미움과 증오를 용서로 바꾸는 일을 실천하며 사람들에게 진정한 용서의 가치를 깨닫게 해 주었지.

용서는 사람을 강하게 만들어 주는 힘이 있어. 미움의 감정을 넘어서 누군가를 진정으로 용서한다면 우리의 마음은 더욱 크게 성장할 수 있을 거야.

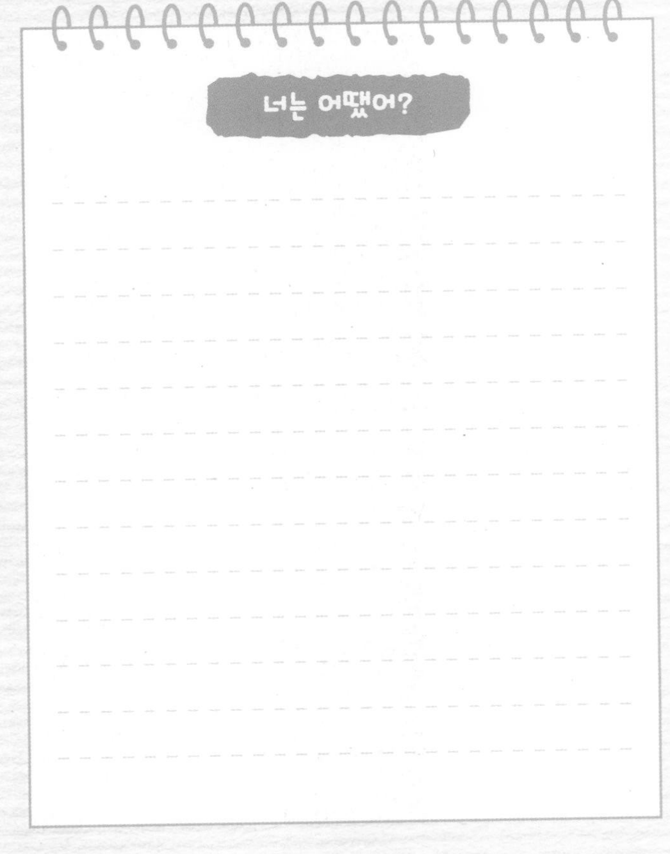

여러분은 아래 감정을 느낄 때 어떤 표정을 짓는지 생각해 보고, 각 단어에 어울리는 표정을 그려 보세요.

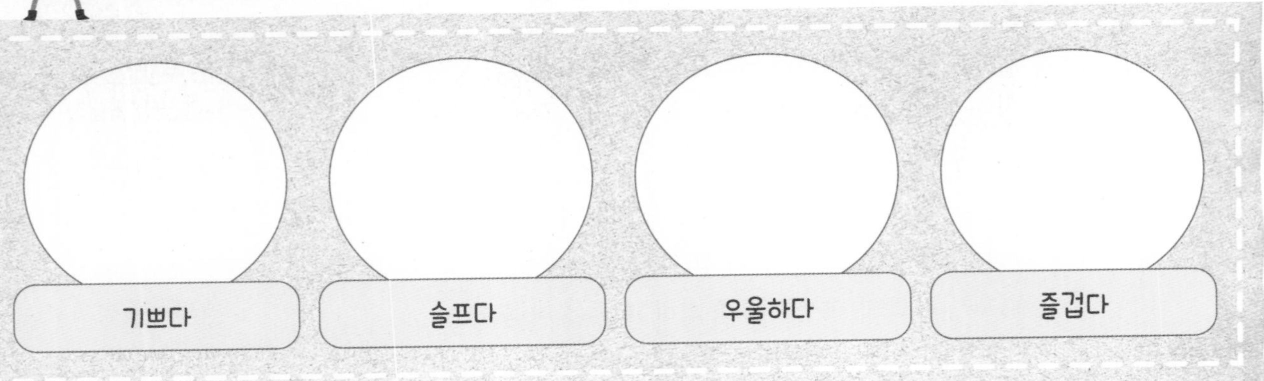

STEP 2 공감적 이해하기

대화를 잘하려면, 공감적으로 이해를 해야 해요. '공감적 이해하기'는 자신에게 일어난 일이 아니라도 상대방의 감정을 같은 마음으로 이해하는 것을 뜻하지요. 다음 상대방의 말을 보고 여러분이 생각하는 적절한 말로 빈칸의 대화를 완성해 보세요.

상대방의 말		공감적 이해하기
이번에는 정말 열심히 공부했는데, 성적이 또 좋지 않아.	➡	〈보기〉 열심히 공부했는데, 성적이 만족스럽지 않아서 실망했구나.

상대방의 말		공감적 이해하기
우리 엄마와는 도무지 말이 통하지 않아. 내 말을 절대로 믿지 않으신다고.	➡	

상대방의 말		공감적 이해하기
내가 왜 그런 어리석은 행동을 했을까?	➡	

상대방의 말		공감적 이해하기
우리 아빠는 내가 동생이랑 싸우면, 매번 나만 야단치셔.	➡	

이것만은 꼭!

마틴 루서 킹을 떠올려 봐. 마틴 루서 킹은 항상 사람들의 말에 먼저 귀를 기울였어. 타인을 배려하는 그의 따뜻한 마음은 수많은 사람들과 신뢰를 쌓게 했고, 서로서로 끈끈한 동료애를 갖게 했지. 이처럼 타인의 말에 귀를 기울일 줄 아는 태도는 사람의 마음을 얻는 가장 좋은 방법이야. 너도 친구들과 친해지고 싶다면 마틴 루서 킹처럼 타인의 말에 더 귀를 기울여 봐.

위대한 영혼, 인도 건국의 아버지

마하트마 간디

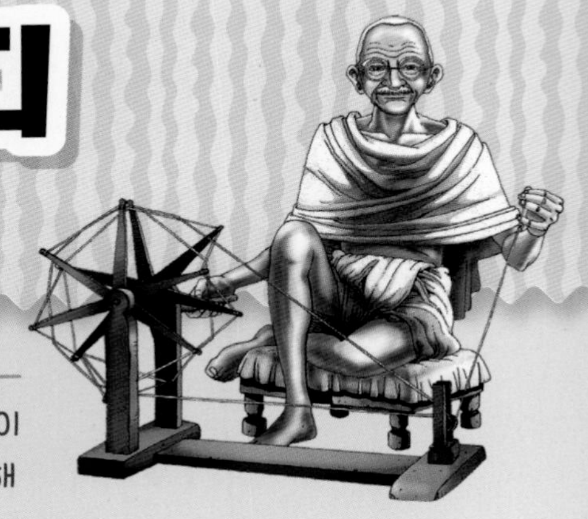

간디는 세계에서 유일하게 비폭력 저항 운동을 이끌었고, 많은 종교로 인해 뿔뿔이 흩어진 인도를 하나의 힘으로 이끈 민족 지도자였습니다. 다음은 조국 인도를 위해 헌신한 간디의 학창 시절 이야기입니다.

라지코트의 초등학교에 입학한 간디는 아버지의 기대와는 달리 여전히 눈에 띄지 않는 학생으로 지냈습니다.

야, 전학 온 애 말이야.
간디 말이야?

좀 이상하지 않아? 난 쟤가 말을 하는 걸 거의 본 적이 없어.

하긴, 공부는 열심히 하는 것 같은데
성적이 좋은 것도 아니고.
그렇다고 운동을
잘하는 것도 아니고.

친구들은 간디를 이상한 눈으로 바라보았고,
간디는 그럴수록 더욱 외톨이가 되었습니다.
…….

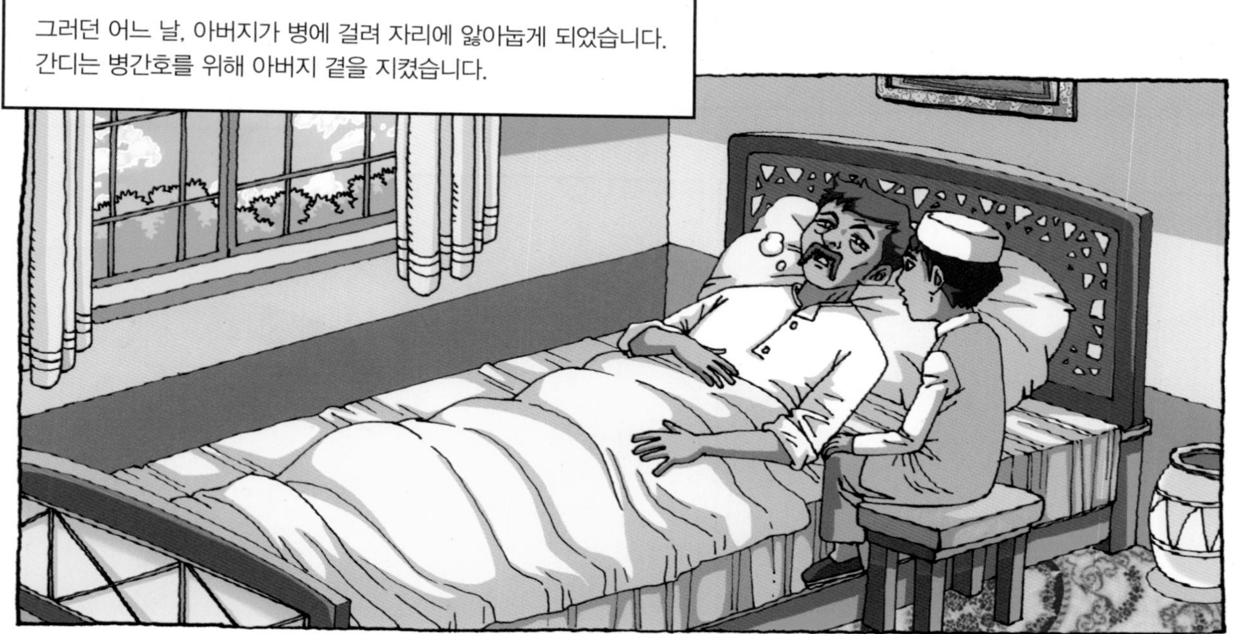
그러던 어느 날, 아버지가 병에 걸려 자리에 앓아눕게 되었습니다.
간디는 병간호를 위해 아버지 곁을 지켰습니다.

모한다스,
왜 우는 거냐?

아버지가
아프시잖아요.

이 녀석, 좀 더
씩씩해져야 하는데…….
아직도 어린애야,
어린애.
아, 아버지.

모한다스, 너의 순수하고 맑은 마음이
날 기쁘게 하는구나.
널 봐서라도 곧 일어날 테니 울지 마라.

병석에 누워 있는 아버지를 보며
간디는 양심의 가책을 느꼈습니다.
아, 아버지…….
전 아버지가
생각하시는 것처럼
착한 아이가
아니에요.

간디는 그동안 자신이 잘못했던 일을 편지로 썼습니다. 고기를 먹은 일, 담배를 피운 일, 돈을 훔친 일까지 모두 적어 아버지께 드렸습니다.

죄송해요, 아버지.
이제 두 번 다시는 그러지 않을게요.
정말 잘못했어요.

모한다스, 나는 네가 씩씩하지 않아서 언제나 걱정했단다. 하지만 넌 나에게 잘못에 대해 용서를 구하는 용기를 보여 주었어. 네가 자랑스럽구나.
아, 아버지…….

간디는 자신을 야단치지 않는 아버지의 모습에 감동받고 굳은 결심을 했습니다.
난 이제 오직 진실만을 이야기할 거야, 진실만을!

CHAPTER 7 사회성

열여덟 살이 된 간디는 고등학교를 졸업하고
앞으로 자신이 무엇을 하며 살아갈 것인가에
대해 고민했습니다.
모한다스,
무슨 고민 있니?
장래에 대해
고민하고
있었어.

혹시 영국에 가서 법을 배우고
오면 어떨 것 같니?
영국 법?
왜 그걸
배워야 해?

지금 우리는 영국의 지배를 받고 있잖아.
영국인은 그들의 법으로 인도를 지배하는데
우리는 그 법을 몰라서
많은 차별을 당하고 있지.

그러니 우리도
영국 법을 알아야 해.
네가 영국 법을 배우고 와서
차별받는 인도인을
도와주는 게 좋겠구나.
영국 법이라
…….

한때 힘없이
당하기만 하는 게 싫어서
영국인처럼 고기를 먹고
담배를 피운 적이 있었어.
하지만 그런다고 변한 건
없었지.

그래, 영국으로 가자!
영국 법을 배우고
변호사가 돼서 인도를
위해 봉사하는 거야.

형 말이 옳아.
열심히 공부해서
변호사가 되겠어.
변호사가 되면
인도인을 위해,
인도의 독립을 위해
일해야지!

I. 조목조목 인물 탐험

마하트마 간디에 관한 다음 글을 읽고 물음에 답하세요.

간디의 본명은 '모한다스 카람찬드 간디'입니다. '마하트마'는 '위대한 영혼'이라는 뜻으로 인도의 정신적 지도자인 그에게 붙은 새로운 이름이지요. 간디는 인도 건국의 아버지로서, 우리나라로 치면 백범 김구와 비슷한 인물입니다. 그는 세계에서 유일하게 비폭력 저항운동을 이끌었고, 많은 종교로 인해 뿔뿔이 흩어진 인도를 하나의 힘으로 이끈 민족 지도자였습니다. 그런데 이렇게 위대한 인물 간디가 어릴 적에는 소심하고 겁이 많은 소년이었고, 변호사를 하던 시절에는 법정에서 변호는커녕 쑥스러워서 말 한마디도 하지 못하는 사람이었다는 것이 믿기나요? 지금부터 소심한 소년 간디가 어떻게 인도의 영웅으로 다시 태어나게 되었는지 알아봅시다.

간디는 1869년, 인도 포르반다르에서 3남 1녀 중 막내로 태어났습니다. 간디의 할아버지는 포르반다르의 총리였고, 아버지는 라지코트 지역의 총리가 될 정도로 리더십이 있었습니다. 하지만 간디는 할아버지, 아버지와는 달리 소심하고 수줍음이 많았어요. 소심한 소년 간디는 내성적인 성격 탓에 친구들과 어울리지 못하고 어머니와 보내는 시간이 많았습니다. 그러나 대학 시절 진로를 고민하던 간디는 인도인을 위한 변호사가 되기로 결심하고 과감하게 영국 유학을 떠납니다.

영국 유학 시절, 간디는 자신이 세운 판단 기준을 거스르지 않고 양심에 따라 행동했습니다. 어느 날 학교에서 영국 장학사가 참관한 가운데 영어 단어 시험을 보았는데, 간디가 제대로 답을 쓰지 못하자 선생님이 몰래 답을 알려 주었지요. 하지만 그렇게 알게 된 답을 쓰는 것은 양심이 허락하지 않는 일이었기에 간디는 정답을 알고도 일부러 틀린 답을 그대로 써 냈습니다.

그뿐만이 아니라 간디는 검소한 생활을 몸소 실천했습니다. 영국에선 유학에 드는 비용을 아끼기 위해 웬만한 거리는 모두 걸어 다녔고, 유학을 마치고 남아프리카에서 변호사 생활을 할 때도 간디는 경제적으로 여유가 있었지만, 가난으로 고통받는 동포를 위해 인도인이 자급자족할 수 있는 공동체를 만들었습니다. 간디는 이곳에서 솔선수범하여 옷을 만들어 입었고, 이 공동체는 간디가 인도로 돌아간 뒤에도 그의 가르침을 계속 이어갔습니다.

그 후 인도로 돌아온 간디는 수천 년 동안 뿌리 깊이 내려오던 카스트 제도와 불가촉천민(가장 낮은 신분의 사람) 차별에 반대했습니다. 이런 그의 노력으로 1947년 카스트 제도는 인도 법에서 사라졌고, 2009년에는 불가촉천민이 인도 국회 의장으로 선출되기도 했습니다.

또한, 그는 종교 차별을 금지하고 모두가 화합하여 어울려 살아가기를 바랐습니다. 덕분에 인도에는 파키스탄으로 넘어가지 않은 이슬람교도가 1억 2천만 명에 이릅니다. 그리고 현재 인도는 가장 많은 종교의 사람이 어우러져 살아가는 국가가 되었습니다.

위대한 영혼, 마하트마 간디. 오늘날 인도의 모든 지폐에는 간디의 얼굴이 새겨져 있습니다. 그것은 지금도 간디가 인도의 정신적 지주이자 인도 독립의 아버지로서 존경받고 있음을 나타냅니다. 하지만 이보다 더 그를 빛나게 했던 건 옳은 일과 진리에 대한 탐구, 모두를 평등하게 사랑하는 마음, 부당함에 맞서 싸울 줄 알았던 용기였습니다.

1 마하트마 간디의 직업은 무엇인가요?

① 영화배우
② 과학자
③ 공군 조종사
④ 민족 지도자
⑤ 소설가

2 마하트마 간디에 대한 내용으로 알맞지 않은 것은 무엇인가요?

① 남아프리카에서 변호사 생활을 했다.
② 자신이 세운 판단 기준보다 다른 사람들의 생각을 의식했다.
③ 검소한 생활을 몸소 실천했다.
④ 종교의 차별을 금지하고 모두가 화합하여 어울려 살아가기를 바랐다.
⑤ 인도의 정신적 지주이자 인도 독립의 아버지로서 존경받고 있다.

3 마하트마 간디가 꿈꾸던 것을 이룰 수 있었던 이유로 알맞지 않은 것은 무엇인가요?

① 모든 일에 기준을 세우고 양심에 따라 행동했다.
② 옳은 일과 진리를 탐구했다.
③ 모두를 평등하게 사랑했다.
④ 부당함에 맞서 싸우는 용기가 있었다.
⑤ 모든 지폐에 새겨질 정도로 부자가 되었다.

▶ 정답: 215쪽

Ⅱ. '나'와 마하트마 간디

STEP 1

포용하는 마음 기르기

간디는 갈등을 겪거나 차별받는 사람들을 외면하지 않고 그들을 화합시키고 포용했습니다. 여러분도 간디처럼 관대한 마음으로 다른 사람을 포용한 적이 있는지 생각해 보세요.

마하트마 간디는 이랬어.

인도의 카스트 제도는 태어날 때부터 사람의 계급을 나누고, 그에 따라 사람을 차별하는 신분제인데, 바로 이 제도 때문에 인도인은 영국의 식민 지배를 받고 있으면서도 쉽게 하나로 뭉치지 못했어. 게다가 인도는 종교도 여러 갈래로 분산되어 있었지. 그중에서도 힌두교와 이슬람교는 끊임없이 대립했어.

이에 간디는 인도인이 분열되는 것이 옳지 않다고 여겼고, 자신이 만든 자급자족 공동체인 아슈람에 불가촉천민을 데려와 그들을 차별 없이 대했어. 그리고 항상 힌두교와 이슬람교의 화합을 소망했어. 이렇게 그가 남긴 업적과 마음가짐은 수많은 인도인을 감동시켰지. 그래서 인도가 독립한 뒤에도 이슬람 국가인 파키스탄으로 넘어가지 않은 이슬람교도가 1억 2천만 명이 넘었다고 해.

너는 어땠어?

생각해 보기 아래 사진을 보고, 각각의 물건을 선물하고 싶은 사람을 빈칸에 써 보세요.

'나 전달법'으로 대화하기

'나 전달법'은 상대방의 행동이 나 자신에게 어떤 생각이나 느낌을 주는지 솔직히 표현하는 대화 방법이에요. 보기를 읽고, 아래 빈칸에 여러분의 생각과 느낌을 써 보세요.

〈보기〉

상황	하진이는 방과 후에 같이 축구를 하기로 해 놓고, 자꾸 말없이 집에 간다.
문제가 되는 행동	하진이가 축구를 하기로 했는데, 2번이나 말없이 집에 갔다.
나에게 미치는 영향	축구를 할 사람을 급하게 찾아야 했다.
나의 감정	힘들다, 서운하다, 아쉽다, 짜증 난다

⬇

나 전달법	하진아, 같이 축구를 하기로 해 놓고, 네가 말없이 가 버리는 바람에 같이 축구할 사람을 급하게 찾느라 힘들었어.

상황	몸이 아파서 학원에 가기 싫다는 내 말에 엄마께서 꾀병이라고 혼내셨다.
문제가 되는 행동	
나에게 미치는 영향	
나의 감정	

⬇

나 전달법	

이것만은 꼭!

마하트마 간디를 떠올려 봐. 간디는 모두를 사랑하고 포용했어. 그 영향은 가장 화합이 어려운 종교 분야에까지 미쳤지. 그래서 인도에 있는 힌두교도와 이슬람교도는 이런 간디의 정신을 이어받아 다른 종교와 화합하며 지내고 있어. 너도 적을 대하는 가장 좋은 방법은 친구가 되는 것이라고 했던 간디의 말을 가슴에 새기며 포용하는 마음을 가져 봐.

백성을 사랑한 어진 임금

세종 대왕

세종 대왕은 평생 백성만 생각했던 성군으로 과학, 농업, 문화, 예술 등 많은 분야에서 수많은 업적을 남겼습니다. 그중에서도 가장 큰 업적은 글을 몰라 불편을 겪는 백성들을 위해 만든 '훈민정음'이었습니다. 다음은 세종 대왕이 훈민정음을 창제했을 때의 일화입니다.

* **과인** 임금이 자기를 낮추어 이르던 말

모든 백성이
읽고 쓸 수 있는
조선만의 글자를
선보이려 하오.
조선만의 글자라니요?
그, 그게
무슨 말씀이십니까?
훈민정음!
이것이 바로
조선의 백성들이 쓰게 될
새 글자의 이름이오!

세종이 남긴 가장 큰 업적인 '훈민정음'은
이렇게 세상에 첫선을 보이게 되었습니다.
우리말이
중국 말과는 달라
한자로는 그 뜻이 서로
통하지 못했다.

그래서 한자를 모르는
백성들은 자기 생각을
제대로 표현하지
못할 때가 많았다.
내 이를 딱하게 여겨
새로 스물여덟 자를
만들었으니,
모든 백성이 쉽게 익혀서
널리 쓰기 바란다.
세종의 바람대로 훈민정음은 백성들 속으로 퍼져 나가
진정한 조선의 글자가 되었습니다.

1446년(세종 28년). 세종은 훈민정음을 백성들에게 공개하고, 널리 쓰이도록 힘을 기울였습니다.
백성들에게 지루한 책을 읽게 하는 것은 훈민정음을 퍼뜨리는 데 도움이 되지 않을 것이다. 훈민정음으로 노래를 만들어 백성들에게 널리 읽히도록 하라!
신 정인지, 전하의 뜻을 받들겠나이다.
뿌리 깊은 나무는 바람에 흔들리지 않으니, 꽃이 좋고~
이렇게 해서 만들어진 책이 바로 《용비어천가》입니다. 《용비어천가》는 조선 왕조의 창업을 찬양하는 내용을 담은, 훈민정음으로 엮은 최초의 책입니다.
이번 과목은 훈민정음 사용 능력을 알아보는 과목이다.
試驗場
훈민정음이라면 자신 있지. 워낙에 배우기 쉬운 글 아닌가?
과거에서 훈민정음을 쓰게 하면 글깨나 읽는 이들 사이에서도 널리 퍼질 것입니다, 아바마마.
하하하, 그럴 테지. 암 그래야 하고말고.

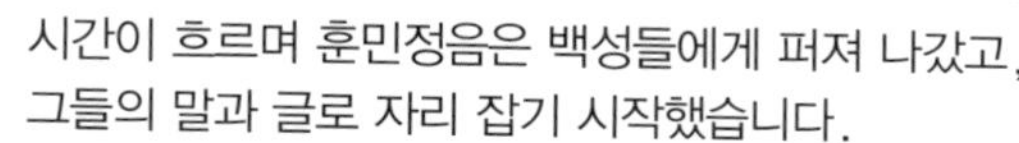

시간이 흐르며 훈민정음은 백성들에게 퍼져 나갔고,
그들의 말과 글로 자리 잡기 시작했습니다.

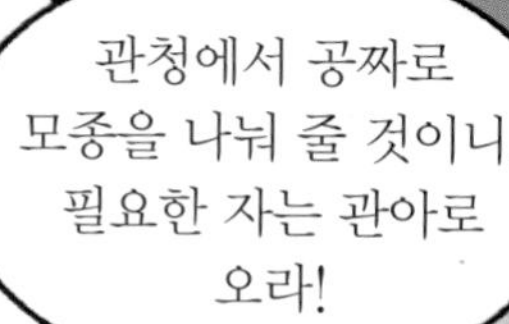

관청에서 공짜로 모종을 나눠 줄 것이니, 필요한 자는 관아로 오라!

저게 바로 훈민정음 아닌가? 조금만 배우면 읽고 쓸 수 있는데, 자넨 여태 안 배우고 뭐 했는가?

공짜로 모종을 나눠 준다는데?
오! 자네 언제 글을 배웠나?

훈민정음이 백성들의 글이 되어 가고 있습니다, 아바마마.

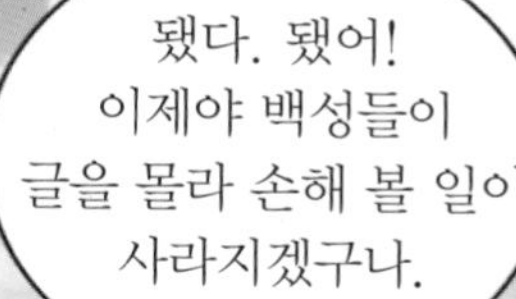

됐다. 됐어! 이제야 백성들이 글을 몰라 손해 볼 일이 사라지겠구나.

백성들이 기뻐하는 모습을 보니, 내 마음이 오늘 날씨와 같이 맑아지는구나. 허허허~

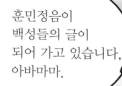

I. 조목조목 인물 탐험

세종 대왕에 관한 다음 글을 읽고 물음에 답하세요.

조선의 제4대 왕 세종은 태종의 셋째 아들입니다. 이름은 '이도'로, 1412년(태종 12년)에 '충녕 대군'에 봉해졌습니다. 1418년(태종 18년)에는 세자의 자리에 올랐고, 나중에 태종의 뒤를 이어 왕이 되었습니다.

세종은 어려서부터 총명하여 무엇이든 배우기를 좋아했습니다. 특히 책을 즐겨 읽었는데, 이를 통해 역사·법학·천문·음악·의학 등 여러 방면에서 전문가 이상의 지식을 쌓을 수 있었습니다. 이 모습을 지켜본 태종을 비롯한 조정의 많은 신하들은 비록 충녕이 장자는 아니지만, 조선의 왕위를 잇게 하는 것이 마땅하다 생각했습니다. 결국 충녕은 스물둘의 나이로 조선의 왕, 세종이 되었습니다. 세종은 왕이 되어서도 공부를 게을리하지 않았습니다. 집현전을 통해 젊은 인재를 등용한 뒤 함께 학문을 연구했으며 이들과 함께 여러 책을 편찬했고, 관료·조세 등에 대한 제도를 정비했습니다.

세종은 과학 기술과 예술에도 많은 관심을 기울였습니다. 독자적인 기술로 천문 관측기구를 발명하게 했고, 아악을 정비하도록 했지요. 또한 끊임없이 조선의 영토를 침범해 백성들을 괴롭히던 여진족과 왜구를 물리쳐 백성의 삶을 안정시켰습니다. 이렇게 많은 업적 중에서도 세종의 가장 큰 업적은 '훈민정음' 창제였습니다. 세종은 글을 몰라 불편을 겪는 백성들을 불쌍히 여기고, 백성을 사랑하는 마음으로 쉽게 배울 수 있는 글자인 훈민정음을 만들었습니다. 그리고《용비어천가》,《석보상절》,《월인천강지곡》등의 책을 훈민정음으로 펴냈고,《효행록》과《삼강행실도》등을 편찬해 백성들에게 유교 사상을 가르치기도 했습니다. 훈민정음 덕분에 백성들은 자기 생각을 글로 전할 수 있게 되었죠.

이 밖에도 세종은 인재들과 함께 여러 정책을 연구하며 왕도 정치를 위한 걸음을 내디뎠고, 그즈음 육조 직계제를 의정부 서사제로 바꾸었습니다. 의정부 서사제는 육조의 업무를 의정부를 거쳐 왕에게 올리게 한 제도로, 왕에게 가기 전 중간에 한 단계를 더 거쳤기 때문에 왕에게로 권력이 집중되는 것을 견제할 수 있었지요. 또 세종은 세자에게도 서무(여러 가지 일반 사무)를 보게 하고, 신하들의 상소에 대한 탄압도 거의 하지 않는 등 부드러운 정치를 펼쳤습니다. 이 같은 노력으로 세종은 신권과 왕권이 조화된 유교적 왕도 정치를 이끌어 낼 수 있었습니다.

한편, 당시에 주로 농사를 짓고 살았던 백성들에게는 기후를 미리 알고 대비하는 일이 매우 중요했는데요. 이에 세종은 장영실 등에게 천문을 관측할 수 있는 과학 기구를 발명하도록 했고, 그 결과, 해와 달, 별의 움직임을 관찰하고 시각과 절기를 정확히 알아낼 수 있었습니다. 덕분에 백성들은 농사에 도움이 되는 정보를 얻게 되었고, 그 삶은 전보다 풍요로워졌지요.

이와 같이 세종은 과학·농업·문화·예술 등 많은 분야에서 한 사람이 해냈다고는 믿기지 않을 만큼 수많은 업적을 남겼습니다. 이 모든 업적은 오로지 백성이 잘 살 수 있는 자주적인 조선을 만들고자 했던 세종의 마음에서 시작된 것이었죠. 백성이 굶지 않고, 외적에게 괴롭힘 당하지 않고, 좀 더 사람답게 삶을 누릴 수 있기를 꿈꾸던 세종. 세종이 재위한 32년은 조선 왕조 500년을 통틀어 가장 눈부셨던 시기로 기억되고 있으며, 지금까지도 세종 대왕은 최고의 성군으로 칭송되고 있습니다.

1 **세종 대왕은 어느 시대의 왕인가요?**

① 신라 시대
② 삼국 시대
③ 고조선 시대
④ 고려 시대
⑤ 조선 시대

2 **세종 대왕에 대한 내용으로 알맞은 것은 무엇인가요?**

① 훈민정음을 창제했다.
② 태종의 첫째 아들로 태어나 세자가 됐다.
③ 어려서부터 활달하여 무예를 익히는 것을 좋아했다.
④ 기술에는 관심이 많았으나 예술에는 관심이 없었다.
⑤ 중국의 기술을 그대로 들여와 천문 관측기구를 발명하게 했다.

3 **세종 대왕이 꿈꾸던 세상을 이룰 수 있었던 가장 큰 이유는 무엇인가요?**

① 집현전 젊은 학자들의 도움
② 항상 백성을 생각하고 사랑하는 마음
③ 왜구의 침입으로 인한 조선의 혼란
④ 항상 준비되어 있는 강력한 군사력
⑤ 무예로 단련된 건강한 신체

▶ 정답: 216쪽

Ⅱ. '나'와 세종 대왕

STEP 1

공감 능력 이해하기

사회성에서 가장 중요한 부분은 공감 능력입니다. 공감 능력이란 타인의 감정이나 의견, 주장 등에 대해 함께 생각하고 느끼며, 타인에게 자신의 의견을 표현하고 이해시킬 줄 아는 능력을 포함해요. 글을 모르는 백성들의 불편에 공감했던 세종 대왕은 '훈민정음'을 만들어 그 불편을 덜어 주었지요. 여러분도 세종 대왕처럼 다른 사람의 불편이나 아픔에 공감해 본 적이 있는지 생각해 보세요.

세종 대왕은 이랬어.

조선 시대 이전까지 우리 조상들은 한자로 글을 적었어. 하지만 한자는 중국의 글자라 소리가 다른 우리말을 다 표현해 내지 못했지. 게다가 외워야 할 글자 수가 너무 많고 복잡해 백성들이 배우기에는 너무 어려운 글자였어.

그래서 백성을 나라의 근본으로 여기고, 백성이 중심이 되어야 나라가 바로 설 수 있다고 생각한 세종 대왕은 누구나 배우고 쓸 수 있는 글자를 만들기로 했어. 그게 바로 훈민정음이야. 훈민정음은 자음 열일곱 자와 모음 열한 자로 이루어져 있는데, 이 스물여덟 자만 외우면 표현하지 못하는 것이 없을 정도로 쉽고 실용적인 글자야.

세종 대왕이 이렇게 훌륭하고 우수한 훈민정음을 창제할 수 있었던 건 글자를 몰라서 불편하고 억울한 일을 겪었던 백성들의 상황에 깊이 공감했기 때문이야.

너는 어땠어?

생각 쑥쑥

일부 낱말과 처음 소리가 다음과 같은 속담은 무엇일까요? 말과 관련된 속담을 생각해 보세요.

가는 ㅁㅇ ㄱㅇㅇ ㅇㄴ ㅁㅇ 곱다.

▶ 정답: 216쪽

STEP 2

공감 능력 기르기

사회성은 다른 사람의 감정과 의도를 이해하고 함께 어울리는 공감 능력입니다. 다음 글을 읽고, 아래 질문에 여러분의 생각을 적어 보세요.

친구들과 게임을 하고 집에 가는 길에 길을 잃은 강아지를 발견하고 경찰서에 데려다주었다. 강아지에게 신경 쓰느라 엄마께 연락을 드리지 못하고 집에 늦게 들어갔더니, 도착하자마자 엄마께서 몹시 큰 소리로 화를 내셨다.

"너 지금 몇 시야? 늦으면 늦는다고 연락해야지! 엄마가 얼마나 걱정한 줄 알아?"

말할 기회도 주시지 않고 화부터 내시는 엄마를 보고, 나도 소리쳤다.

"왜 제 말은 들어 보시지도 않고 화부터 내시는 거예요?"

1. 무슨 일이 일어났나요?

2. 나의 기분은 어떨까요?

3. 엄마의 기분은 어떨까요?

4. 내가 엄마라면, 늦게 들어온 나에게 어떤 말을 듣고 싶을까요?

5. 엄마의 감정을 이해하면서 엄마께 다시 말해 볼까요?

이것만은 꼭!

세종 대왕을 떠올려 봐. 세종에게 대왕의 칭호가 붙는 것은 세종 대왕의 업적이 정말 많기도 했기 때문이지만, 누구보다도 가장 백성을 사랑한 왕이었기 때문이야. 누군가를 사랑한다는 것은 그 대상을 이해하고 공감했기 때문에 가능한 일이지. 너도 다른 사람에게 사랑받고 싶다면 너부터 먼저 다른 사람을 이해하고 공감해야 한다는 사실을 잊지 않도록 해.

아프리카의 성자

알베르트 슈바이처

슈바이처는 열악한 환경에서 평생 아프리카 원주민을 보살피며 아프리카에 병원 진료소와 입원실 등을 설립했습니다. 그는 인류에 대한 사랑과 봉사 정신을 꽃피운 진정한 의사였습니다. 다음은 슈바이처가 아프리카 봉사에 일생을 바친 계기가 된 어린 시절 이야기입니다.

교회에 갔다 돌아오는 길에 슈바이처는 자신을 곱지 않은 시선으로 쳐다보는 동네 친구들과 마주쳤습니다.

어이, 알베르트! 모른 척해도 소용없어.
갑자기 왜 그래?

너 아까 내 신발 보고 비웃었지?

맞아! 나도 알베르트가 게오르크를 비웃는 거 다 봤어.

무슨 소리야!
난 비웃은 적 없어.

발뺌해도
소용없어!

게오르크,
난 그런 적 없다는데
왜 그러는 거야!

게오르크,
괜찮아?
헉…….
저리 안 비켜?

어서 사과해!

게오르크…….
하, 할게,
사과…….

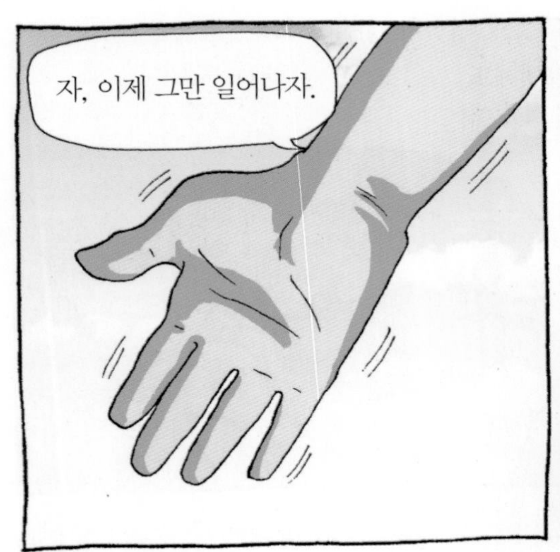
자, 이제 그만 일어나자.

우리 동네에서 네가 싸움을 제일 잘한다더니 생각보다 힘이 금방 빠지네?

탁

흥! 나도 목사님 아들인 너처럼 일주일에 두세 번씩 고기 수프를 먹었다면 너에게 지지 않았을 거야!

잠깐만!

애들아,
저게 무슨 말이야?
방금 게오르크가 뭐라고
한 거야?

우리가 너를
안 좋아하는 이유를
정말 몰라?
얘 정말 모르나 봐!

우리는 낡아서 너덜너덜한
신발을 신고 다니는데 너는 늘
깨끗하고 튼튼한 신발을 신고
다니잖아!

첫,
그만하고 가자.
맞아. 넌 고기도 자주
먹고, 옷도 좋은 것만
입고 말이지!
뭐?

애들아…….

게오르크와 싸운 뒤 아이들에게서 들은 이야기는
어린 슈바이처에게 매우 충격적이었습니다.

내가 자기들보다
잘 먹고, 잘 입고 다니는
특별한 애라고 생각해서
나를 못살게 굴었던 거야?

모두 나와 같은 줄 알았는데
그게 아니었어. 부유하지는
못하더라도, 나는 먹고 싶은 걸
먹지 못한다는 건
생각해 본 적이 없는데.

나는 친구들보다
좋은 옷을 입고 맛있는
음식을 먹었던 거야.

그런 걸로 다르게
보이고 싶진 않은데…….

그날 이후 고기 수프는 슈바이처에게 먹고 싶지 않은 음식이 되었습니다. 식탁에 고기 수프가 올라올 때마다 게오르크가 눈물을 글썽이며 했던 이야기가 떠올랐기 때문입니다.

게오르크…….

새 옷은 놀기에 불편해서 말이지. 나는 낡은 옷이 훨씬 편해.

하여튼 고집쟁이라니깐.
하하.

이때부터 슈바이처는 친구들이 느끼는 가난의 고통을 함께 나누면서 행복을 느꼈습니다.

그 때문에 부모님께 혼이 나기도 했지만 한번 결심한 생각은 절대 굽히지 않았습니다.

알베르트 슈바이처에 관한 다음 글을 읽고 물음에 답하세요.

랑바레네 병원에서 아기를 안고 있는 슈바이처
© The Albert Schweitzer Fellowship

'아프리카의 성자'로 불리는 알베르트 슈바이처(1875~1965년)는 평생 아프리카의 원주민을 보살피고, 그들에게 희망을 준 위인입니다. 아프리카는 뜨거운 태양과 사나운 맹수, 독벌레들이 우글거리는 정글이었지만, 슈바이처는 그런 것에 굴하지 않고 병원 진료소와 입원실 등을 세웠고, 인류에 대한 사랑과 봉사의 정신을 꽃피웠습니다. 시대가 변해도 여전히 많은 사람들에게 감동을 주는 슈바이처. 그는 어떤 점이 남달랐을까요?

슈바이처는 어릴 때부터 생명에 대한 생각이 남달랐습니다. 목사인 아버지의 영향을 받아 항상 살아 있는 모든 것을 아끼고 보호했지요. 어릴 때 친구와 새를 잡으러 갔다가 새를 살려 보내기도 했고, 말을 빨리 달리게 하려고 채찍을 휘두르고 난 뒤 자신의 행동 때문에 상처가 난 말을 보고 죄책감을 느끼기도 했습니다.

이뿐만 아니라 슈바이처는 언제나 자기 주변의 사람들에게 감사하는 마음을 가지고 있었습니다. 피아노와 신학 공부에 흥미를 가지게 된 것도 목사인 아버지 덕분이라고 생각했고, 중·고등학교 시절 뛰어난 성적을 받았던 것도 선생님의 따뜻한 지도와 자신을 보살펴 준 친척 할아버지, 할머니 덕분임을 잊지 않았습니다.

무엇보다도 슈바이처에게는 타인의 아픔을 자신의 아픔처럼 느끼는 진심 어린 공감 능력이 있었습니다. 어릴 때 슈바이처가 자란 귄스바흐 마을의 동네 친구들은 대부분 가난했습니다. 그러나 목사의 아들이었던 슈바이처만은 맛있는 음식을 먹고 좋은 옷을 입고 다닐 수 있었죠. 어느 날, 그 사실을 깨닫게 된 슈바이처는 배고프고 불쌍한 친구들 생각에 마음이 무거워 견딜 수가 없었습니다. 그 이후부터 슈바이처는 친구들의 고통을 함께하려고 좋은 음식을 거부하고 낡은 옷을 입으며 친구들과 똑같은 모습으로 생활했습니다. 슈바이처의 이런 공감 능력은 훗날 그가 아프리카에서 의료 봉사를 하는 데 큰 역할을 했습니다.

그리고 슈바이처는 하고자 마음먹은 것은 어떤 힘든 상황에도 꼭 해내는 실행력이 있었습니다. 그

의 이런 실행력은 아프리카로 봉사를 떠나는 과정에서도 그대로 나타났습니다. 의사가 되어 아프리카로 떠나기로 결심했을 때 모든 사람들이 말렸지만, 슈바이처는 결국 의사가 되어 아프리카 원주민을 진료하며, 아프리카에서 직접 농장을 만들고 새로 지을 병원의 땅을 개간했습니다. 이렇게 노력한 결과, 슈바이처는 마침내 아프리카의 랑바레네 지역에 병원을 설립했고 하루 16시간씩 환자들을 진료했지요. 그 와중에 많은 시련과 아픔이 있었지만, 그는 끝까지 환자들의 손을 놓지 않았습니다. 슈바이처는 평생 자신의 삶을 희생하며 수많은 아프리카 원주민의 목숨을 구했습니다. 그의 이런 박애 정신은 오늘날에도 영원한 등불처럼 타오르고 있습니다.

1 **알베르트 슈바이처의 직업은 무엇인가요?**

① 탐험가
② 발명가
③ 방송인
④ 의사
⑤ 상인

2 **알베르트 슈바이처에 대한 설명으로 옳은 것 무엇인가요?**

① 봉사하는 것을 싫어했다.
② 남극점을 탐험했다.
③ 책과 음악보다 뛰어놀기를 좋아했다.
④ 아프리카의 성자로 불렸다.
⑤ 계획은 세웠지만 실행력이 부족했다.

3 **알베르트 슈바이처가 자신의 인생 목표를 달성할 수 있었던 이유로 알맞지 않은 것은 무엇인가요?**

① 생명에 대한 존중
② 부유한 생활에 대한 만족
③ 모든 것에 감사하는 마음
④ 진심 어린 공감 능력
⑤ 강한 실행력

▶ 정답: 216쪽

Ⅱ. '나'와 알베르트 슈바이처

STEP 1

타인에게 공감하기

슈바이처는 타인의 아픔을 자신의 아픔처럼 느끼고, 열악한 아프리카 주민들을 위해 평생을 헌신했습니다. 여러분도 슈바이처처럼 사회적 문제나 타인의 아픔에 공감해 본 적이 있는지 생각해 보세요.

알베르트 슈바이처는 이랬어.

슈바이처에게는 타인의 아픔을 자신의 아픔처럼 느끼는 진심 어린 공감 능력이 있었어. 어릴 때 슈바이처가 자란 귄스바흐 마을의 동네 친구들은 대부분 가난했어. 하지만 목사의 아들이었던 슈바이처는 맛있는 음식을 배불리 먹고 좋은 옷을 입고 다닐 수 있었어. 그러나 다른 친구들은 그렇지 못하다는 걸 깨달은 순간, 슈바이처는 배고프고 불쌍한 친구들 생각에 마음이 무거워 견딜 수가 없었지. 예민하고 순수했던 슈바이처는 친구들이 느끼는 것보다 가난의 고통과 슬픔을 더 크게 느꼈어. 그래서 슈바이처는 친구들의 고통을 함께하려고 좋은 음식을 거부하고 낡은 옷을 입으며 친구들과 똑같은 모습으로 생활했어.

슈바이처의 이런 공감 능력은 나중에 그가 아프리카에서 의료 봉사를 하는 데 큰 역할을 했어.

너는 어땠어?

거울을 보면서 나를 닮은 과일을 찾아 아래 빈칸에 그리고, 그 이유를 써 보세요.

나를 닮은 과일	이유

STEP 2

미래 관계도 그리기

지금부터 20년이 지난 후, 여러분의 모습을 상상해 보세요. 여러분은 어떤 사람들과 잘 지내고 있을지 '나의 미래 관계도'에 적어 보세요.

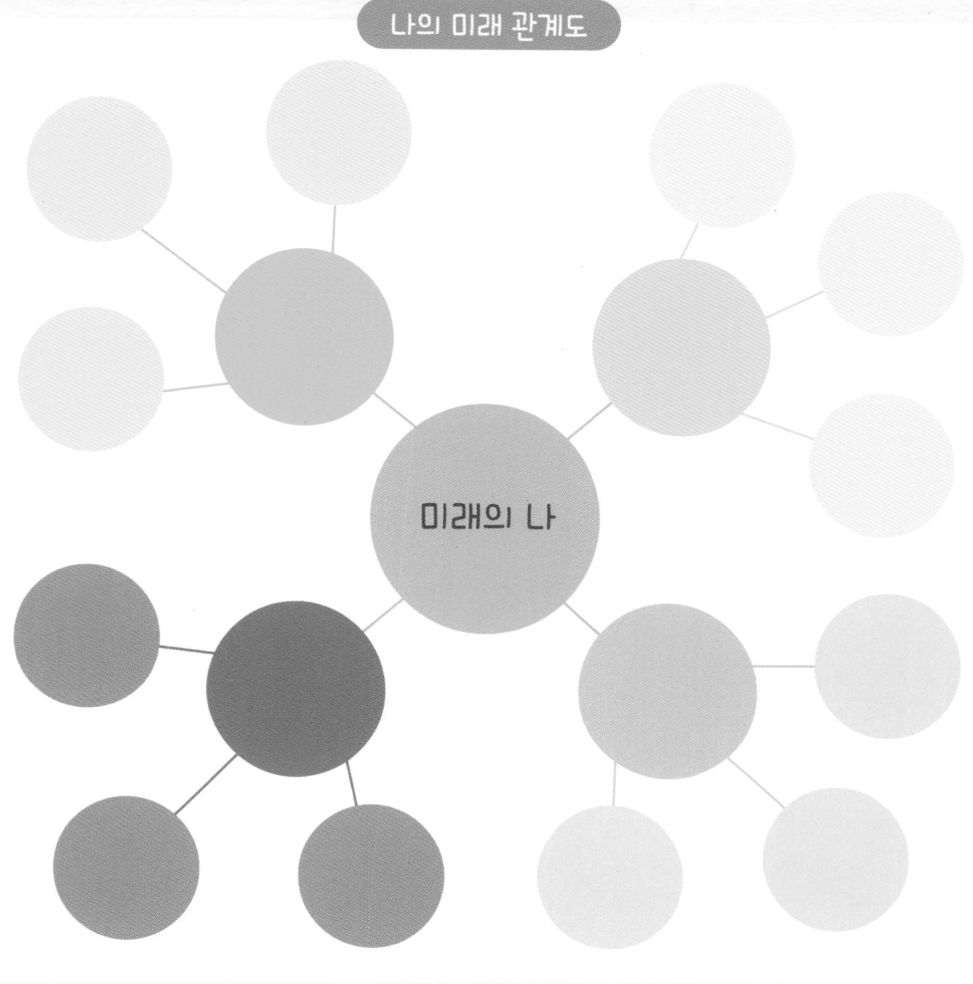

슈바이처를 떠올려 봐. 슈바이처는 아프리카 원주민들의 아픔을 외면하지 않고 그곳에서 일생을 봉사했어. 그는 자신의 삶을 희생하여 수많은 아프리카 원주민의 목숨을 구했지. 이렇게 숭고한 슈바이처의 정신은 오늘날에도 영원한 등불처럼 타오르고 있어. 네 아픔이 아니라고 해서 다른 사람의 어려움을 모른 척하면 안 돼. 너와 가족, 그리고 가까운 사람부터 시작해서 멀리 떨어져 있는 사람에게도 관심을 기울이며 더불어 살아가는 모습을 배워 봐.

모범 답안

22강 창의성 ① 니콜라 테슬라

I. 조목조목 인물 탐험

1 ③ 2 ⑤ 3 ④

II. '나'와 니콜라 테슬라

[STEP 1] **창의성 이해하기**

나는 버튼을 누르면 노래가 나오는 책이 너무 신기했어. 그래서 그 소리가 어떻게 나는지 알고 싶었지. 마침 집에 오래되어서 잘 쓰지 않는 멜로디 북이 있었는데, 나는 그 책을 분해해 보았어. 혹시, 그 안에 노래를 하는 작은 사람이 있는 것은 아닐까 하는 상상도 했는데 열어 보니 작은 스피커와 전자기판이 있었어. 그 일로 나는 어머니께 혼이 났지만 궁금증을 해결해서 기분이 좋았어.

[생각 쑥쑥]

엄마, 아빠께 10원씩 드리고 남은 10원은 엄마, 아빠한테 내가 각각 5원씩 빌린 돈인 거죠. 그러므로 엄마, 아빠한테 각각 245원씩 빌린 거예요.

[STEP 2] **창의성 기르기**

나는 (디저트 만들기)에 아주 관심이 많아.
지금까지 나온 것 중에도 맛있는 디저트가 많지만 나는 새로운 디저트를 만들고 싶어. 먹기만 하면 행복해지는 그런 디저트를 만들고 싶어서 방학 때는 거의 일주일 동안 디저트만 만들어 본 적도 있어. 그런데 쉽지 않았어. 그래서 나는 조금 쉬면서 다시 마음을 가다듬어야겠다고 생각했어. 가볍게 산책을 하면서 좋아하는 노래를 불렀더니 기분이 좋아지면서 다시 의욕이 솟아나더라고. 나는 마침내 토마토와 과자를 이용한 디저트를 만들었고, 먹어 본 모든 사람들이 진짜 맛있다고 칭찬해 주었어.

23강 창의성 ② 토머스 에디슨

I. 조목조목 인물 탐험

1 ④ 2 ⑤ 3 ③

II. '나'와 토머스 에디슨

[STEP 1] **창의성 실현하기**

나는 사람이 성장할 때 어떻게 키가 크고, 머리카락이 자라는지 너무 궁금했어. 머리카락과 키가 언제 자라는지 내 눈으로 자라는 순간을 보고 싶었거든. 그런데 아무리 동생을 지켜봐도 잘 모르겠는 거야. 그래서 동물의 한살이, 식물의 한살이, 사람의 일생에 대해 다룬 책을 찾아보고, 다큐멘터리를 열심히 보았지. 거의 안 본 책이 없을 정도로 겨울방학 내내 책과 다큐멘터리에 빠져서 지냈어.

[생각 쑥쑥]

0의 아래쪽 성냥개비를 왼쪽으로 옮기면 5가 됩니다. 옆으로 누운 5가 돼요.

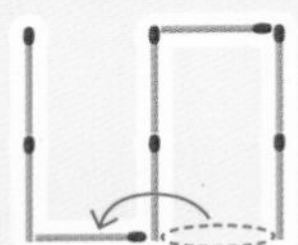

[STEP 2] **창의성 기르기**

나는 (수학)을 포기하지 않을 거야.
나는 공부를 정말 잘하고 싶어. 특히 수학을 잘하고 싶은데 이상하게 자꾸 실수하고 틀려. 열심히 해도 문제가 잘 안 풀리고 어렵기만 해. 그래서 포기하고 싶었지만 처음부터 다시 시작하기로 했어. 연산을 반복하고 꼼꼼하게 생각하고 계산한 뒤 검산을 했지. 지금도 꾸준히 수학 문제 푸는 연습을 하고 있어. 아직 잘하지는 않지만 언젠가는 수학을 잘하게 될 거라고 믿어.

24강 창의성 ③ 스티브 잡스

I. 조목조목 인물 탐험

1 ③ 2 ⑤ 3 ③

II. '나'와 스티브 잡스

[STEP 1] **창의성 이해하기**

나는 남자인데 분홍색과 노란색을 좋아해. 그런데 주변에선 자꾸 파란색이나 하늘색이 어울린다고 하면서 내가 분홍색 물건을 고르면 다시 파란색을 권해 주더라. 처음에는 분홍색 옷을 입은 나를 보고 사람들이 수군대는 것 같고 불편한 느낌이 들었지만, 나는 그냥 좋아하는 색을 선택했어. 덕분에 나는 내가 좋아하는 색의 물건으로 늘 기분 좋게 공부하고 생활하지.

[생각 쑥쑥]

1+3=4

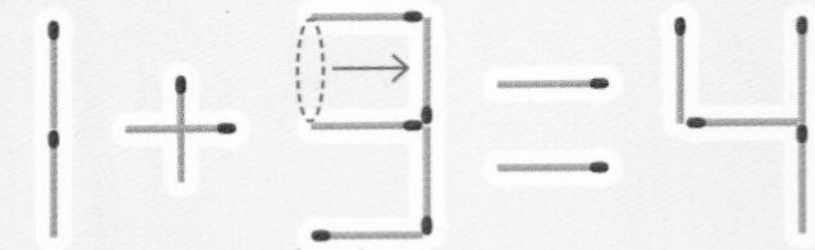

[STEP 2] **창의성 기르기**

나는 1층에 있는 교실마다 운동장으로 통하는 문이 있으면 좋겠다는 생각을 했어. 친구들은 내 생각을 이상하다고 했지. 그런 문이 있으면 시끄럽기도 하고, 외부인이 들어올 수도 있다고 말하는 친구들이 많았어. 하지만 나는 친구들의 말에 흔들리지 않고 곰곰이 생각해 보았어. 그림으로도 그려 보면서 생각했지. 다른 나라에는 이런 경우가 없는지 찾아보기도 했어.

25강 창의성 ④ 파블로 피카소

I. 조목조목 인물 탐험

1 ① 2 ⑤ 3 ③

II. '나'와 파블로 피카소

[STEP 1] **창의성 발휘하기**

우유와 딸기, 꿀을 섞어서 생딸기 셰이크를 만들려고 했는데 믹서기를 사용하는 게 어렵고 불편했어. 그렇다고 셰이크 만들기를 포기할 수 없었지. 그래서 깨끗한 위생 비닐봉지에 딸기를 넣고 손으로 주물러서 으깬 다음에 컵에 딸기와 우유를 넣어 섞었지. 처음에는 비닐봉지를 어떻게 이용하냐고 타박하던 동생도 셰이크를 먹어 보고는 엄청 맛있다고 칭찬해 주었어. 그다음부터는 항상 그 방법을 이용해서 간편하게 생딸기 셰이크를 만들고 있지.

[생각 쑥쑥]

[STEP 2] **창의성 기르기**

나는 수학 문제를 잘 풀어. 원리도 잘 이해하고 아주 어려운 도형 문제, 계산 문제, 최대공약수, 최소공배수 구하는 문제도 쓱쓱 잘 풀지. 그래서 늘 수학에는 자신 있어. 하지만 내가 수학을 잘한다고 자만하지 않고 꾸준히 수학 공부를 하면서 수학과 관련된 이야기책들도 찾아서 읽어 볼 거야.

26강 창의성 ⑤ 레오나르도 다빈치

I. 조목조목 인물 탐험

1 ④ 2 ④ 3 ③

II. '나'와 레오나르도 다빈치

[STEP 1] **상상력 발휘하기**

나는 구름을 타고 하늘을 나는 상상을 해봤어. 그런데 구름은 수증기라서 구름에 실제로 올라탈 수는 없으니 구름 모양을 한 단단한 물체를 생각하고 스케치를 한 적이 있었어. 그러다 최근에 플라스마라는 물질이 있다는 걸 알게 되었어. 고체로 된 비행 물체가 아니라도 사람을 태우고 하늘을 날 수 있다는 생각이 들었어. 계속 생각 중인데, 꼭 실현될 것 같은 느낌이 들어.

[생각 쑥쑥]

8+12=20 → 도형의 숫자는 그 도형과 닿아 있는 아래 도형의 2개 숫자를 더한 값이므로 정답은 20이에요.

[STEP 2] **창의성 기르기**

나는 수학 문제를 잘 푸는 편이야. 그런데 너무 문제만 풀다 보니 기계처럼 계산만 하는 것 같아. 원리가 무엇인지 왜 그런지 생각해 본 적이 별로 없는 것 같아. 원리를 알고 나면 다른 편한 방법을 찾을 수 있을 것 같은데, 그런 것조차 귀찮아서 그냥 문제를 풀기만 하는 것 같아. 앞으로는 수학의 원리를 좀 더 생각해 보면서 나만의 방식으로 문제를 풀어 보고 싶어.

27강 창의성 ⑥ 알베르트 아인슈타인

I. 조목조목 인물 탐험

1 ② 2 ① 3 ⑤

II. '나'와 알베르트 아인슈타인

[STEP 1] **창의성 발휘하기**

지난 주말에 방을 청소하는데, 유리창에 이물질이 붙어 있었어. 그걸 떼려고 손을 뻗었는데, 글쎄 내 팔이 너무 짧은 거야. 그래서 긴 막대기를 이용했지. 하지만 그렇게 해도 그것을 뗄 수 없었어. 우리 집 창문 구조상 그렇게 하는 게 불가능했던 거야. 그래서 어떻게 떼야 할지 곰곰이 생각했는데, 내 방이 2층이니까 1층 마당에서 물을 세게 쏘면 가능할 것 같았어. 곧 바로 내 방의 창문을 꼭 닫고 마당으로 나갔지. 그리고 물을 쏘아서 이물질을 떨어트렸어. 다 하고 나니까 정말 뿌듯했어.

[생각 쑥쑥]

1	2	3
2	3	1
3	1	2

← 첫 번째 가로줄에 '1, 2, 3'이 겹치지 않게 빈칸에 알맞은 숫자를 써 보세요.

↑ ↑ 두 번째와 세 번째 세로줄에 각각 '1, 2, 3'이 겹치지 않게 빈칸에 알맞은 숫자를 써 보세요. 이때 가로줄의 숫자도 겹치지 않아야 해요.

[STEP 2] **창의성 기르기**

사진 찍기를 좋아해서 사진을 다른 친구들보다 잘 찍는 편이야. 심심할 때면 여러 가지 대상을 다양한 필터로 찍고 있어. 친구들은 내가 찍은 사진을 보면 항상 칭찬해 줘. 하지만 나는 아직 부족하다고 생각해. 그냥 인터넷에 떠도는 사진 수준에 불과한 것 같아. 뭔가 느낌을 더 주고 싶고, 어딘가 더 달랐으면 좋겠어. 그래서 사진 관련 책을 사서 보기도 하고, 유튜브로 영상도 보면서 연구하고 있어. 연구가 끝나는 대로 여러 가지 사진을 다시 찍어 볼 생각이야.

28강 창의성 ⑦ 안토니 가우디

I. 조목조목 인물 탐험

1 ② 2 ① 3 ④

II. '나'와 안토니 가우디

[STEP 1] 창의적으로 생각하기

나는 나무 쌓기 놀이를 좋아해. 도미노나 보드게임도 좋아하지. 하루는 사촌동생이 놀러 왔는데, 계속 놀아 달라고 조르는 거야. 그런데 놀아 줄 것이 젠가밖에 없었어. 집에 있는 다른 보드게임들은 어린 사촌동생에게는 어려웠거든. 그래서 젠가를 가지고 놀아 줬는데, 사촌동생이 젠가가 무너지는 걸 무서워하는 거야. 참 난감했어. 놀아 줄 수 있는 건 젠가뿐인데 젠가를 무서워하다니. 그래서 젠가를 가지고 원래 방식과는 다르게 도미노를 해 봤어. 그런데 도미노도 조금 재미있어하더니 자꾸 넘어지니까 싫증을 내는 거야. 어떻게 할지 생각하다가 젠가로 탑 쌓기를 해 보기로 했어. 젠가로 건축물 모양을 만들었더니 사촌동생이 매우 좋아했어. 그 후로는 사촌동생과 그렇게 재미있게 놀았어.

[생각 쑥쑥]

[STEP 2] 창의성 기르기

나는 옷에 관심이 많아. 내가 가진 옷들 중에서 내 마음에 드는 옷들을 고르고, 날씨에 어울리는 옷들을 찾아서 코디하는 일이 정말 좋아. 늘 같은 옷을 편하게 입는 친구들도 있지만 나는 항상 같은 듯 다른 옷을 입기도 하고, 예쁜 액세서리를 착용하기도 하지. 그래서 나는 다른 사람의 옷차림을 유심히 관찰하는 걸 좋아해. 그 속에서 나에게 적용할 수 있는 것들을 찾아보고 싶거든.

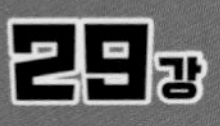

29강 감성 ① 마리아 몬테소리

I. 조목조목 인물 탐험

1 ③ 2 ④ 3 ⑤

II. '나'와 마리아 몬테소리

[STEP 1] 감성 이해하기

한 친구가 선생님 심부름으로 공 주머니를 체육관에서 교실로 가지고 오고 있었어. 바구니가 없었는지 두 손 가득히 공 주머니를 들고 오더라고. 그런데 그 친구가 지나온 길에 공 주머니들이 떨어져 있는 거야. 그래서 공 주머니가 떨어졌다고 말해 줬더니 친구는 그걸 줍다가 들고 있던 다른 공 주머니를 떨어트리지 뭐야. 나는 화장실에 가는 길이었지만 당황하는 친구를 보니 도와주고 싶었어. 얼마나 곤란하고 힘들까 하는 생각이 들었지. 그래서 가던 길을 멈추고 친구를 도와줬어.

[생각 쑥쑥]

어른에게 도움을 요청하거나, 도움을 줄 수 있는 어른에게 데려다 줘요. 그리고 친구에게 괜찮은지, 어떤 도움이 필요한지 물어봐요.

[STEP 2] 공감 능력 기르기

운동회에서 달리기를 하다 넘어진 친구가 눈물을 꾹 참으며 일어서는데 마음이 아팠어. 정말 잘 달리고 싶었을 텐데 넘어져서 속상할 것 같기도 하고, 또 무릎을 다쳐서 아플 것 같았지. 친구들 앞에서 넘어진 모습을 보인 것도 창피하겠다는 생각이 들어서 그 친구를 위로해 주었어.

30강 감성 ② 정조

I. 조목조목 인물 탐험

1 ④ 2 ⑤ 3 ④

II. '나'와 정조

[STEP 1] 감정 조절하기

우리 집에서 키우던 고양이가 하늘나라로 떠난 적이 있어. 매일매일 함께 있던 고양이가 없으니까 너무 슬퍼서 아무것도 하고 싶지 않았어. 매일매일 울기만 했지. 하지만 내가 밥도 잘 먹지 않고 울기만 하니까 속상해하는 부모님을 보면서 이제 마음을 조절해야겠다는 생각이 들었어. 그래서 고양이 생각을 하지 않고, 나 자신을 위로하면서 친구들과 재미있게 놀려고 노력했어.

[STEP 2] 감정 조절 훈련하기

나는 특히 토요일에 할 일이 많아. 휴식도 취해야 하고, 친구들과 게임도 하고, 또 밀린 과제도 하고, 실내화도 빨아야 해. 그런데 가족들이 매번 토요일에 이것저것 체험활동을 신청해 놓는 거야. 그러니까 막상 토요일이 되면 하루가 어떻게 가는지도 모르게 정신없이 지나가 버려. 그래서 나는 토요일에 지켜야 할 나만의 계획표를 만들어 방에 붙였어. 그리고 가족들에게 그 계획표를 참고해서 내 토요일 일정을 잡아 달라고 부탁했지.

31강 감성 ③ 리처드 파인먼

I. 조목조목 인물 탐험

1 ⑤ 2 ② 3 ②

II. '나'와 리처드 파인먼

[STEP 1] **감정 조절하기**

- 학교에서 예고 없이 쪽지시험을 보고 결과가 좋지 않아 속상했어. 하지만 앞으로는 바로 복습을 해야겠다고 다짐하게 돼서 오히려 잘됐다는 생각이 들었어.
- 집에서 공부하다가 갑자기 정전이 됐는데, 오히려 가족들과 모여 이야기를 나눌 수 있는 시간을 갖게 돼서 좋았어.

[생각 쑥쑥]

나이	기억에 남는 일	나의 감정
5세	동생이 태어났다.	신기함, 사랑스러움, 반가움
12세	학교에서 상을 받았다.	자랑스러움, 뿌듯함

[STEP 2] **감성 기르기**

- 학교에서 나와 성향이 다른 친구들과도 이야기를 나누어 보고, 그 친구의 장점을 배우고 싶어.
- 부모님의 말씀에 싫다는 말부터 하지 않고, 부모님의 마음을 생각하고 말씀을 끝까지 들어야겠어.

32강 감성 ④ 마더 테레사

I. 조목조목 인물 탐험

1 ① 2 ① 3 ⑤

II. '나'와 마더 테레사

[STEP 1] **감성 이해하기**

- 길을 가다가 울고 있는 어린 동생에게 먼저 다가가 말을 걸고, 도움을 준 적이 있어. 도와주고 나니 마음이 뿌듯했어.
- 학기 초에 아직 친해지지 않은 친구가 물건을 잃어버리고 당황하고 있어서 함께 찾아주겠다고 말을 걸고, 찾을 때까지 도와준 적이 있어. 친구가 진심으로 고마워해서 나도 기뻤어.

[생각 쑥쑥]

내가 테레사라면 매일 힘들게 돕고 애를 써도 아프고 죽어가는 사람들을 보면 더 지치고 힘이 들었을 것 같아. 그럴 땐 같이 협력해서 어려운 사람들을 돕자는 글이나 의견을 전달해서 좋은 일을 같이 할 동료를 구하려고 했을 거야.

[STEP 2] **마음 조절하기**

요즘 학교에서 공부하는 양도 많은데, 학원도 많이 다니고 학원 숙제도 너무 많아. 하루에 해야 할 일을 다 하고 나면 밤 10시가 넘을 때도 많아. 하루 중에 내가 하고 싶은 일을 하는 시간은 거의 없는데 공부랑 과제만 너무 많아서 어떨 때는 우울하기도 해. 하지만 그런 감정에 빠져서 시간을 허비할 수는 없지. 그럴 때면 하늘을 한번 올려다보고 크게 심호흡을 해. 그럼 기분이 좋아지거든. 그리고 칭찬과 위로의 말을 나 자신에게 해. 그러고 나면 기분이 한결 좋아지고 다시 의욕이 생기게 돼.

33강 감성 ⑤ 오리아나 팔라치

I. 조목조목 인물 탐험

1 ② 2 ② 3 ③

II. '나'와 오리아나 팔라치

[STEP 1] **감정 조절하기**

지금까지 가장 용기가 필요했던 순간은 다른 친구들 앞에서 노래를 불러야 하는 순간이었어. 나는 내성적이라서 다른 친구들 앞에서 발표하거나 말하는 것이 참 어려워. 그런데 가창 시험을 보기 위해서 노래를 부를 때는 정말 많은 용기가 필요했어. 목소리도 잘 나오지 않고 염소처럼 떨리는 목소리가 나오기 일쑤여서 매년 가창 시험 보는 순간이 정말 힘들고 괴로웠어. 올해는 그러고 싶지 않아서 단단히 준비하며 연습하고 있어. 마음을 굳게 먹고 용기를 내서 한번 도전해 보려고 해.

[생각 쑥쑥]

구분	내용	평가
학교	· 학급 문고 정리하기 · 특별실 이동할 때 문 잠그기	 잘함
가정	· 실내화 스스로 빨기 · 식사 시간에 수저 놓기 · 화분에 물 주기	 잘함

[STEP 2] **감정 조절 능력 키우기**

기다려서 마시멜로를 하나 더 받을 것이다. 그 이유는 어떤 것을 참고 기다리는 내 인내심을 시험해 보고 싶기 때문이다. 그리고 먹고 싶은 마음을 참고 끈기 있게 기다리면 마시멜로가 하나 더 생기는 일은 이득이라고 생각하기 때문이다.

34강 감성 ⑥ 월트 디즈니

I. 조목조목 인물 탐험

1 ③ 2 ⑤ 3 ④

II. '나'와 월트 디즈니

[STEP 1] 감성 표현하기

나는 가을이 되면 감성적으로 변하는 것 같아. 굴러가는 낙엽만 봐도 눈물이 나려고 해. 파란 하늘에 하얀 구름을 보면 정말 감성이 풍부해지는 것 같아. 다른 친구들은 파란 하늘에 구름을 보면 솜사탕 같아서 먹고 싶다고 하지만 나는 파란 하늘에 구름을 보면 하늘이라는 바다를 헤엄치는 고래 같아. 그래서 미술시간에 하늘을 나는 고래를 그렸더니 선생님과 친구들이 깜짝 놀라면서 나의 상상력을 칭찬해 주었어.

[감정 표현 연습]

나는 친구랑 놀 때 행복해요.
나는 시험을 잘 봐서 칭찬받을 때 행복해요.
나는 갖고 싶은 선물을 받았을 때 행복해요.

[STEP 2] 주변 인물 떠올리기

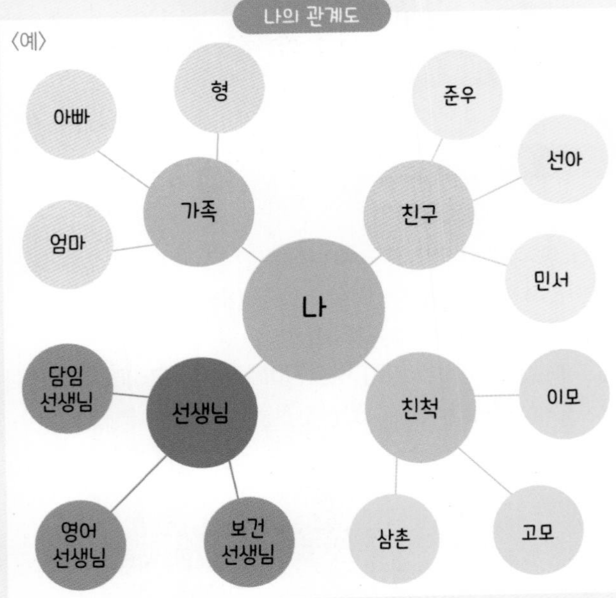

35강 사회성 ① 레프 톨스토이

I. 조목조목 인물 탐험

1 ④ 2 ⑤ 3 ①

II. '나'와 레프 톨스토이

[STEP 1] 사회성 이해하기

- 체육시간에 다른 친구들이 넘어지면 나는 내가 아픈 것 같은 느낌이 들어. 그래서 얼른 달려가서 부축해 주고 위로해 주면서 보건실을 같이 가 주곤 해. 그리고 그다음 날 꼭 어떤지 안부를 물어봐.
- 친한 친구가 그날따라 우울해 보여서 괜찮은지 물어봤더니 괜찮다는 거야. 하지만 속으로 계속 걱정이 됐어. 학교 끝나고 집에 가는 길에 한 번 더 물어봤더니 친구랑 싸워서 사이가 멀어져서 속상하다고 하더라. 그래서 같이 머리를 맞대고 화해할 수 있는 좋은 생각을 떠올려 봤어. 그랬더니 친구는 들어준 것만으로도 고맙다며 밝은 표정을 지었어.

[다른 사람의 상황 이해하기]

좋아하는 농구를 하게 돼서 신나고 즐거운 것 같다.

팔꿈치를 다쳐서 아프고 속상한 것 같다.

36강 사회성 ② 마크 트웨인

I. 조목조목 인물 탐험

1 ⑤ 2 ② 3 ④

II. '나'와 마크 트웨인

[STEP 1] 사회성 기르기

나는 웬만한 문제는 그냥 넘어가는 편인데, 만약 내가 그냥 넘어갔을 때 다른 사람이 불편을 겪거나 피해를 볼 수 있다면 그 문제를 해결하려고 노력해. 지난주에 교실의 뒷문이 뻑뻑했어. 그걸 그냥 두면 누군가 다칠 수 있겠다는 생각이 들어서 선생님께 말씀드렸지. 선생님께서 고치셨는지 그다음 날 보니까 부드럽게 열렸어. 그러고 나니까 내가 우리 반에 뭔가 기여한 것 같은 생각이 들어서 기분이 좋았어.

[다른 사람의 감정에 공감하기]

깜짝 놀랐다.

머리가 아파서 예민해져 있다.

즐겁고 행복하다.

[STEP 2] 사회성 기르기 연습

적극적 듣기	1.	영어 말하기 대회가 있는데 준비를 다 못해서 걱정이구나.
	2.	내일 영어 말하기 대회가 있는데 준비를 다 못한 것 같네.
	3.	영어 말하기 대회에 준비를 못 해서 걱정되겠다.
	4.	영어 말하기 대회가 있는데 준비를 다 못해서 실수할까 봐 걱정되고 불안하겠네.

37강 사회성 ③ 마틴 루서 킹

I. 조목조목 인물 탐험

1 ③ 2 ① 3 ③

II. '나'와 마틴 루서 킹

[STEP 1] 다른 사람 배려하기

- 나는 준비물을 가지고 갈 때 기본적으로 여분을 준비해 가는 편이야. 반에 준비물을 안 가져온 친구가 한 둘은 꼭 있거든. 그 친구들에게 친절하게 대하면 그 친구들과 더 친해질 수 있어서 좋고, 친구들도 준비물이 없어서 곤란한 일을 겪지 않아서 좋은 것 같아.
- 나는 아파트 공동현관이나 엘리베이터에서 문이 닫힐 때 사람이 오는지 확인하고 될 수 있으면 문이나 엘리베이터를 잡아 주는 편이야. 기다리지 않고 먼저 가 봤자 몇 초 밖에 빠르지 않은데 마음만 불편하니까. 문이나 엘리베이터를 잡아 주면 내 마음도 편하고 그 사람에게 좋은 인상을 주게 되는 것 같아서 뿌듯한 기분이 들어.

[STEP 2] 공감적 이해하기

상대방의 말		공감적 이해하기
우리 엄마와는 도무지 말이 통하지 않아. 내 말을 절대로 믿지 않으신다고.	➡	엄마가 네 말을 믿어 주지 않으시니 말이 통하지 않는다고 생각되어 답답한 마음이 들었겠구나.
내가 왜 그런 어리석은 행동을 했을까?	➡	어리석은 행동을 한 걸 후회하는구나.
우리 아빠는 내가 동생이랑 싸우면, 매번 나만 야단치셔.	➡	동생이랑 싸웠을 때 아빠가 매번 너만 야단치셔서 억울하고 서운한 마음이 들었겠구나.

38강 사회성 ④ 마하트마 간디

I. 조목조목 인물 탐험

1 ④ 2 ② 3 ⑤

II. '나'와 마하트마 간디

[STEP 1] 포용하는 마음 기르기

미술시간에 우드락으로 3시간 동안 남대문 모형을 만들었어. 스케치하고 자르고 우드락을 본드로 붙여서 완성했지. 그런데 친구가 실수로 책상 위에 있는 남대문 모형을 떨어트려서 모형이 망가졌어. 순간적으로 화가 났지만 친구가 바로 사과했고, 일부러 그런 것도 아니어서 이해해 줬어.

[생각해 보기]

꽃을 좋아하시는 할머니께 선물하고 싶어.

친척 동생에게 선물해 주고 싶어.

[STEP 2] '나 전달법'으로 대화하기

문제가 되는 행동	나는 정말 몸이 아파서 학원에 못 가겠다고 말했던 건데, 엄마는 꾀병이라고 생각하셨다.
나에게 미치는 영향	몸이 정말 아팠던 건데, 엄마가 내 말을 믿지 않으시고 혼을 내셨다.
나의 감정	억울했다, 속상했다, 더 아픈 마음이 들었다, 화가 났다

⬇

나 전달법	엄마, 저는 정말 몸이 아파서 학원에 가기 싫다고 말했던 건데, 엄마가 제 말을 믿지 않으시고 꾀병이라고 하시며 혼을 내셔서 억울하고 많이 속상했어요.

39강 사회성 ⑤ 세종 대왕

I. 조목조목 인물 탐험

1 ⑤ 2 ① 3 ②

II. '나'와 세종 대왕

[STEP 1] 공감 능력 이해하기

- 나는 영화나 드라마에 사람들이 아프거나 죽는 장면이 나오면 나도 모르게 눈물이 나. 그게 진짜도 아니고 나와 관련된 일도 아닌데 그 장면에서 주인공의 마음에 너무 공감이 돼서 그런 것 같아. 반대로 주인공이 악당을 물리칠 때는 통쾌해져. 주인공이 마침내 꿈을 이루었을 때는 그게 마치 내 일인 것처럼 뿌듯하고 행복하기도 해.
- 길을 가다 보면 3살쯤 되는 어린아이들이 걷거나 뛰다가 넘어지는 모습을 가끔씩 보게 돼. 그럴 때면 나는 마음이 너무 아파. 그래서 그런 어린아이들이 넘어질 것 같으면 불안해서 어쩔 줄을 모르겠어.

[생각 쑥쑥]

가는 말이 고와야 오는 말이 곱다.

[STEP 2] 공감 능력 기르기

1. 길을 잃은 강아지를 경찰서에 데려다주느라 늦었는데, 엄마는 말할 기회도 주지 않으시고 집에 도착하자마자 나를 막 혼내셨다.
2. 속상하고 억울한 기분이 들었다. 엄마한테 화가 나기도 했다.
3. 걱정스러운 마음에 말도 없이 늦게 온 내게 화를 내셨지만 속상하실 것 같다.
4. 엄마, 죄송해요. 많이 걱정하셨죠? 다음부터 늦을 땐 먼저 연락할게요.
5. 엄마, 죄송해요. 많이 걱정하셨죠? 그런데 길을 잃은 강아지를 경찰서에 데려다주느라 늦은 거예요. 다음부터 늦을 땐 먼저 연락할게요.

40강 사회성 ⑥ 알베르트 슈바이처

I. 조목조목 인물 탐험

1 ④ 2 ④ 3 ②

II. '나'와 알베르트 슈바이처

[STEP 1] 타인에게 공감하기

학교에서 수업 시간에 〈우주호텔〉이라는 글을 읽고 도시 빈민에 대해 알게 되었어. 폐지를 하루 12시간 이상 줍고 기초 생활 수급비를 받아도 편안하게 쉴 수 없고, 끼니를 배부르게 먹을 수 있는 형편이 되지 않는다는 사실에 충격을 받았어. 나는 모든 게 그저 당연한 건 줄 알았는데, 그것조차 쉬운 일이 아니라는 것에 놀랐고 가슴이 아팠어. 그 이후로 나는 우리나라의 어렵고 힘든 취약 계층의 삶에 관심이 생겼어. 그래서 독거노인에 대해서도 관심을 가지기 시작했어. 지금은 내가 할 수 있는 일이 많지 않지만, 독거노인을 위해서 한 달에 만 원씩이라도 기부하려고 해.

[생각 쑥쑥]

나를 닮은 과일	이유
(귤)	누구나 좋아하고, 상큼하기 때문이다.

[STEP 2] 미래 관계도 그리기